Das Fettverlust Fibel Kochbuch

Sjard Roscher

Erste Auflage
Dezember 2022

FITNESS VON A BIS Z
ES WARTET NOCH MEHR AUF DICH!

Willkommen in der Welt der gesunden Küche und ich hoffe, dass viele der nun folgenden Gerichte dein Fitness-Leben bereichern werden und du fleißig in der Umsetzung sein wirst. Nichtsdestotrotz ist dies nur die Spitze des Eisberges und dich erwarten noch viel mehr Rezepte sowie viele weitere spannende Themen, die es so in dieser Weise nicht in das Buch geschafft haben. Einfach, weil ein Kochbuch bis zu einem gewissen Punkt auch endlich sein muss und sich eher als eine Art Best-Of verstehen sollte.

Aus diesem Grund habe ich einen Blog gegründet: QuantumLeapFitness.de

Hier schreibe ich wöchentlich über die neuesten spannenden Themen in der Fitnesswelt, der Forschung und alles, was sonst relevant für uns Kraftsportler ist. Hier findest du außerdem meinen wöchentlichen Podcast und viele weitere Tools und Hilfestellungen, die dir die Umsetzung des nun Folgenden so einfach wie nur möglich gestalten sollen sowie viele weitere tolle Rezepte und Gerichte. Außerdem findest du weitere Bücher und Produkte von mir, Zubehör und alles über das Thema Nahrungsergänzungsmittel. Also schau doch einfach mal vorbei und stöbere ein bisschen herum:

www.QuantumLeapFitness.de

Als neuen Leser des Fettverlust Fibel Kochbuches will ich dir zudem 20 % Rabatt für deine erste Bestellung in meinem Shop schenken. Spare mit diesem Code:

FVFK20

Gib den Code einfach am Ende deiner Bestellung ein und spare so ganze 20 % auf deine gesamte Bestellung.

Besuche jetzt:
WWW.QUANTUMLEAPFITNESS.DE
und spare 20 %!

NICHT NUR LECKER,
SONDERN AUCH STARK (GRATIS)

Während sich dieses Buch voll und ganz der Erstellung leckerer Rezepte widmet, so habe ich in meinen früheren Büchern bereits die dazu passende Trainingslehre entschlüsselt und ein revolutionäres Programm entwickelt, welches den Leserinnen und Lesern in kürzester Zeit erlaubt, viel Kraft und Muskulatur aufzubauen sowie die beste Form ihres Lebens zu erreichen. In diesen Büchern findest du genaue Trainingspläne für jedes Niveau, die besten Übungen zum Muskelaufbau und ein System, das ebenso auf neuester Wissenschaft beruht.

Diese Bücher kannst du dir zudem KOSTENLOS bestellen und damit in deinem Leben die perfekte Ernährung UND das perfekte Training kombinieren und somit Fortschritte erzielen wie noch niemals zuvor:

 für die Männer
www.FITNESSFIBEL.de

 für die Frauen
www.FEMALEFITNESSFIBEL.de

 Training mit Körper und
minimalstem Equipment (m+w):
www.Home-Fit.de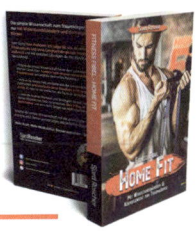

Flexibilität, Adhärenz und Genauigkeit – dies sind die drei wichtigsten Eckpfeiler einer zielführenden Ernährung. Sie bilden ernährungstechnisch das magische Dreieck, so wie ich es in meiner „Fettverlust Fibel" ausführlich beschreibe. Während die „Fettverlust Fibel" die theoretische Grundlage für eine hohe Adhärenz und eine zielführende Genauigkeit bildet, ist dieses Kochbuch die ideale Ergänzung, um zudem auch die praktische Flexibilität einer wirklich guten Ernährung in das eigene Leben zu integrieren.

Denn die bewiesene Theorie hinter einer idealen und strukturierten Ernährung zu kennen, ist nur eine Seite der Medaille – die andere Seite besteht selbstverständlich auch darin, diese Theorie in das eigene Leben zu integrieren und auch wirklich zu leben. Wissen ist folglich nur die halbe Miete – und am Ende des Tages lautet die alles entscheidende Frage, was alles auf deinem täglichen Teller landet und wie viel du von etwas tatsächlich isst.

Genau hierbei wird dir das „Fettverlust Fibel Kochbuch" helfen. Auf den folgenden Seiten lernst du 90 unwiderstehliche Rezepte kennen, die nicht nur allesamt unfassbar lecker und zielführend sind, sondern die ebenso allesamt leicht und einfach zuzubereiten sind, dir keine besonderen Kochkünste abverlangen und – ob du es glaubst oder nicht – ausschließlich für das echte Leben konzipiert sind. Zudem sind alle Gerichte reich an Proteinen, arm an Kalorien und in Minutenschnelle zubereitet.

Dieses Kochbuch stammt zu 100 Prozent aus der Praxis und wurde zu 100 Prozent für die Praxis entworfen – damit du noch mehr aus der „Fettverlust Fibel" herausholen kannst und deiner eigenen beeindruckenden Fitnessreise nichts mehr im Wege steht. Freue dich so auf leckere Gerichte wie French Toast, Fitnessdöner, Protein-Tiramisu, Wraps, Kuchen, Aufläufe und vieles mehr!

Ich wünsche dir guten Appetit, viel Spaß beim Kochen und noch mehr Erfolg auf deiner weiteren Fitnessreise.

Dein Sjard

FRÜHSTÜCK

HAUPTMAHLZEITEN

HAUPTMAHLZEITEN VEGETARISCH / VEGAN

SUPPEN

SALATE

DESSERT

PRE-WORKOUT

POST-WORKOUT

SNACKS

Nährwerte 502 kcal | F 34,1 g | KH 5 g | P 41,9 g

PROTEIN-OMELETTE MIT HÄHNCHEN

ZUTATEN FÜR 1 PORTION

50 g Hähnchen-brust

5 g Pinienkerne (optional)

10ml Olivenöl

Salz & Pfeffer

1 Tomate

3 Eier (M)

25 g Mozzarella light oder Proteinella

ZUBEREITUNG

1. Hähnchenbrust in kleine Stücke schneiden und zusammen mit den Pinienkernen in der Hälfte des Olivenöls in einer Pfanne anbraten, bis sie goldbraun sind. Mit Salz und Pfeffer würzen.

2. Die Tomate in kleine Stücke schneiden und mit den Eiern in einer separaten Schüssel verrühren.

3. Das restliche Olivenöl in der Pfanne erhitzen und die Eiermasse hinzugeben. Wenn die Masse unten richtig stockt und leicht goldbraun wird, vorsichtig das Protein Omelett wenden und belegen. Auf die obere Hälfte den Mozzarella und die Hähnchenbrust legen.

4. Wenn die zweite Seite goldbraun ist, das Protein-Omelett zusammenklappen und vorsichtig auf einen Teller legen.

TIPP
Salat mit etwas Gurke, Tomaten und Sprossen schmecken hervorragend zum Omelett und sorgt für eine noch bessere Sättigung.

Nährwerte 518 kcal | F 30,2 g | KH 21,6 g | P 32,3 g

SHAKSHUKA

ZUTATEN FÜR 1 PORTION

400 g reife Tomaten, klein gewürfelt oder alternativ Dosentomaten

4 Frühlingszwiebeln

2 Knoblauchzehen

1 TL Kreuzkümmel

1 Prise Cayennepfeffer oder Chiliflocken

Salz, Pfeffer

3 Eier (M)

2 EL Petersilie glatt und/oder Koriandergrün, frisch

10 ml Olivenöl

ZUBEREITUNG

1. Die Frühlingszwiebeln in dünne Ringe schneiden und den Knoblauch hacken.

2. Das Olivenöl in einer Pfanne erhitzen und darin Frühlingszwiebeln, Knoblauch und Kreuzkümmel anbraten.

3. Tomaten, Cayennepfeffer, Salz & Pfeffer dazugeben. Falls die Tomaten nicht süß genug sind, einen TL Erythrit hinzufügen.

4. Alles ca. 15 Minuten köcheln lassen, bis die Tomaten gar, aber nicht völlig zerfallen sind.

5. Eier gleichmäßig verteilt über die übrigen Zutaten in die Pfanne schlagen. Eiweiß mit der Gabel auflockern und 1 – 2 Minuten stocken lassen.

6. Das Shakshuka mit Petersilie und Koriander bestreut servieren.

TIPP
Dazu passt hervorragend das Protein Naan von Seite 185, Reis oder auch Reiswaffeln.

Nährwerte 333 kcal | F 5,4 g | KH 59,6 g | P 9,1 g

BIRCHER MÜSLI

ZUTATEN FÜR 1 PORTION

60 g Haferflocken, fein

90 ml Milch/ Pflanzenmilch, ungesüßt

15 g Rosinen

15 g Mandeln, gehackt

5 ml Honig

½ Apfel

ZUBEREITUNG

1. Haferflocken in eine Schüssel geben. Rosinen, gehackte Mandeln, Honig und Milch hinzugeben und gut verrühren.

2. Den Apfel entkernen, schälen, mit einer Reibe grob reiben, dem Brei hinzufügen und nochmals gut verrühren.

3. Abgedeckt für 3 – 4 Stunden im Kühlschrank kalt stellen. Ist das Müsli nach ca. 3 Stunden zu fest, einfach noch ein wenig Milch unterrühren.

4. Das fertige Bircher Müsli nach Belieben mit frischen Früchten toppen.

TIPP

Für mehr Protein einfach 20 g ISO Whey Vanille oder Vegan Protein Butterkeks Vanille in 30 ml Milch/Wasser auflösen und dazugeben.

Nährwerte 436 kcal | F 13,9 g | KH 37,3 g | P 37,8 g

MINI PROTEIN-PANCAKES

ZUTATEN FÜR 12 STÜCK

100 ml Milch, fettarm

50 g Vollkornmehl, z. B. Dinkel

25 g ISO Whey oder Vegan Protein nach Wahl

1 TL Backpulver

½ Ei oder 1 kleines Ei

5 ml Kokosöl

Topping

20 g Magerquark

100 g Beeren

ZUBEREITUNG

1. Alle trockenen Zutaten in einer großen Schüssel vermengen, die flüssigen Zutaten unterrühren und den fertigen Protein-Pancake Teig 10 Minuten lang ruhen lassen.

2. Inzwischen eine beschichtete Pfanne auf mittlerer Stufe erhitzen und etwas Öl hineingeben.

3. Anschließend die Mini-Protein-Pancakes in der heißen Pfanne anbraten. Hierzu esslöffelweise Teig in die Pfanne geben und dabei auf genügend Abstand zwischen den Mini-Protein-Pancakes achten. **Eventuell wird etwas Öl benötigt – dieses muss mit getrackt werden.**

4. Einen Deckel auf die Pfanne legen und 1 – 2 Minuten warten. Sobald die Unterseite goldbraun ist, die Mini-Protein-Pancakes vorsichtig wenden und von der anderen Seite anbraten.

TIPP

Statt Mini-Pancakes können aus der Teigmasse auch ca. 3 große Pancakes gebraten werden. Für mehr Süße noch etwas Tasty mit in den Teig mischen.

Nährwerte ohne Topping 503 kcal | F 17,8 g | KH 32,4 g | P 50,1 g

PROTEIN-PANCAKES MIT NUR 3 ZUTATEN

ZUTATEN FÜR CA. 6 STÜCK

40 g ISO Whey Vanille oder Vegan Protein Butterkeks Vanille

2 Eier (M)

1 reife mittelgroße Banane (100 g)

5 ml Kokosöl

Topping

Beeren nach Wahl

evtl. Ahornsirup

ZUBEREITUNG

1. Beschichtete Pfanne auf mittlerer Stufe vorheizen.

2. Geschälte Banane mithilfe einer Gabel in einer Schüssel zerdrücken.

3. Eier hinzugeben und verquirlen.

4. Proteinpulver unterrühren, bis ein gleichmäßiger Teig entsteht.

5. Die Pancakes nacheinander zusammen mit etwas Öl von beiden Seiten kurz anbraten.

6. Die fertigen Pancakes auf Teller anrichten und mit dem Topping garnieren.

TIPP

Ein leckeres Topping für die Pancakes ist auch eine selbst gemachte Nusscreme. Dafür einfach 10 g Nussmus nach Wahl (Haselnuss eignet sich hervorragend), 1 TL Backkakao, 2 TL Erythrit, 1 TL Ahornsirup und Wasser zu einer Creme verrühren.

Nährwerte 103 kcal | F 7,9 g | KH 4,1 g | P 2,5 g

Nährwerte ohne Topping 389 kcal | F 18 g | KH 21 g | P 33 g

PROTEIN-PANCAKE CEREALS

ZUTATEN FÜR 1 PORTION

30 g Haferflocken

1 Ei (M)

40 g Skyr natur oder Magerquark

20 g ISO Whey (dein Lieblingsgeschmack)

½ TL Backpulver

¼ TL Zimt

1 Prise Salz

¼ TL Flohsamen- schalen

10 ml Kokosöl zum Anbraten

Topping

Proteinpudding

Skyr

frische Beeren

Chiasamen oder Leinsamen

ZUBEREITUNG

1. Haferflocken in einem Standmixer fein zermahlen oder Schmelzflocken verwenden.

2. Ei und Skyr zunächst in einer Schüssel mit dem Schneebesen zu einer glatten Masse verrühren. Gemahlene Haferflocken, ISO Whey, Backpulver, Zimt und Salz unterrühren.

3. Pancake-Teig in einen Spritz- oder Gefrierbeutel geben. Den Beutel an der Öffnung gut zudrehen. Die Spitze einer Beutelecke fein abschneiden. Alternativ eine Lebensmittelspritze verwenden.

4. Die Hälfte vom Kokosöl in einer beschichteten Pfanne bei mittlerer Hitze erhitzen. Mithilfe des Spritzbeutels portionsweise kleine Mini-Pancakes in die Pfanne setzen, dabei ausreichend Abstand zwischen den Pancakes lassen.

5. Mini-Pancakes bei mittlerer Hitze 30 – 45 Sekunden backen. Mithilfe von zwei Teelöffeln oder eines Holzstäbchens die Pancakes wenden und ca. 1 Minute zu Ende backen. Aus der Pfanne nehmen.

6. Die Mini-Pancakes mit deinen Lieblingsbeilagen in einer Schüssel anrichten und genießen.

Nährwerte 508 kcal | F 12,2 g | KH 63,3 g | P 30,2 g

VEGANE PROTEIN-PANCAKES

ZUTATEN FÜR CA. 4 STÜCK

60 g Haferflocken

30 g Vegan Protein Butterkeks Vanille

130 ml Hafer- oder Mandelmilch, ungesüßt

1 reife mittelgroße Banane (120 g)

5 ml Kokosöl

ZUBEREITUNG

1. Alle Zutaten in einen leistungsstarken Mixer geben und pürieren.

2. Teig für 15 Minuten quellen lassen.

3. Kokosöl in einer Pfanne erhitzen und pro Pancake 2 EL Teig in die Pfanne geben.

4. Pancakes von beiden Seiten ca. 2 Minuten goldbraun backen.

5. Auf Teller anrichten und genießen.

TIPP

Nach Belieben mit Tasty Jam, frischen Früchten, Ahornsirup, Kokosjoghurt oder selbst gemachter Nusscreme garnieren.

Nährwerte ohne Topping 309 kcal | F 3,7 g | KH 31,1 g | P 35,6 g

BAKED OATS AUS DER MIKROWELLE

ZUTATEN FÜR 1 PORTION

50 g zarte Haferflocken

30 g ISO Whey deiner Wahl

optional: Tasty deiner Wahl

1 Eiklar (oder 1 ganzes Ei)

1 TL Backpulver

1 Schuss Wasser oder Milch/ Pflanzenmilch

Topping

100 g TK-Beeren

15 g Nussmus

optional: 100 g Proteinpudding

ZUBEREITUNG

1. Alle Zutaten für die Baked Oats in einer mikrowellenfesten Schüssel miteinander vermengen. Das Wasser am besten nach und nach zugeben, bis eine cremige Konsistenz entsteht.

2. Das Ganze für 5 bis 6 Minuten bei höchster Stufe in der Mikrowelle erhitzen. Optional die Masse im Ofen bei 180 °C Umluft für 15 Minuten ausbacken.

3. Die fertigen Oats aus der Mikrowelle nehmen und mit dem Topping verfeinern.

Nährwerte 362 kcal | F 7 g | KH 51 g | P 19 g

BAKED OREO-OATS

ZUTATEN
FÜR 1 PORTION

½ Banane oder eine kleine

45 g Schmelz-flocken/Hafer-flockenmehl

1 TL Backpulver

15 g Vegan Protein, z.B. Butterkeks Vanille

100 ml Mandel-milch ungesüßt oder andere

Topping & Füllung

1–2 Oreos

15 g Frischkäse oder Skyr Style

¼ TL Tasty Cookie & Cream

ZUBEREITUNG

1. Den Ofen auf 180 °C Umluft vorheizen.

2. Banane mit einer Gabel zerdrücken, die restlichen Zutaten für den Teig dazugeben und ordentlich durchmischen.

3. Frischkäse mit dem Tasty mischen.

4. Die Hälfte des Teiges in eine ofenfeste Form füllen, den Frischkäse in die Mitte des Teiges geben.

5. Einen halben Oreo zerkleinern und auf den Frisch-käse setzen. Den restlichen Teig in die Form geben und mit Oreos garnieren.

6. Die Oats für 20 Minuten in den Ofen backen und warm genießen.

TIPP
Statt Oreos können auch andere Kekse verwendet werden.

Nährwerte 454 kcal | F 15,7 g | KH 42 g | P 32,6 g

BOUNTY OVERNIGHT OATS

ZUTATEN FÜR 1 PORTION

50 g Haferflocken

200 g Magerquark oder Skyr

10 g Kokosraspeln

15 g Zartbitterschokolade

½ Scoop Tasty Kokos Weiße Schokolade

ZUBEREITUNG

1. Die Zartbitterschokolade im Wasserbad schmelzen lassen oder bei sehr geringer Temperatur in der Mikrowelle erwärmen.

2. Währenddessen die Haferflocken in eine Schüssel geben und so viel Wasser dazugeben, dass sie gut bedeckt sind. Anschließend in der Mikrowelle (2 – 3 Minuten bei 700 Watt) oder in einem Topf kurz aufkochen und etwas abkühlen lassen.

3. Den Magerquark mit Tasty Kokos Weiße Schokolade abschmecken und die Kokosraspeln unterrühren. Den Magerquark auf den Haferflocken verteilen und die geschmolzene Schokolade darauf geben. Optional mit Kokosraspeln dekorieren.

4. Für 10 – 15 Minuten ins Gefrierfach stellen, bis die Schokoschicht knackig-fest ist.

TIPP

Wenn die Overnight Oats erst am nächsten Tag gegessen werden sollen, sollten sie über Nacht abgedeckt im Kühlschrank gelagert werden.

Nährwerte ohne Topping 295 kcal | F 3,6 g | KH 30,6 g | P 31,9 g

DER KLASSIKER

ZUTATEN
FÜR 1 PORTION

50 g Hafer-
flocken

30 g ISO Whey
Geschmack
nach Wahl

1 Prise Salz

200 – 300 ml
Wasser

Toppings optional

frisches Obst,
wie z.B. Banane
oder Feige

TK-Beeren

Nussmus

Nüsse

ZUBEREITUNG

1. Als erstes die Haferflocken separat mit Wasser aufkochen. Je länger den Haferflocken Zeit zum Quellen haben, desto sämiger und volumenreicher werden sie.

2. Ist die gewünschte Konsistenz erreicht, ISO Whey in einen Shaker füllen, 50 ml Wasser dazu geben alles gut durchschütteln. Die entstandene Masse zu den Haferflocken geben und gut durchrühren.

3. Porridge mit Toppings deiner Wahl anrichten und genießen.

TIPP

Damit das Whey nicht stockt und flockig wird, die aufgekochten Haferflocken vom Herd nehmen, sobald die ISO Whey-Masse dazu gegeben wurde.

Nährwerte ohne Topping 350 kcal | F 6,3 g | KH 34,1 g | P 35,4 g

ZOATS – DER KLASSIKER FÜR DEN GROSSEN HUNGER

ZUTATEN FÜR 1 PORTION

50 g Hafer-flocken

30 g ISO Whey Vanille

150 g Zucchini

1 Prise Zimt

1 Prise Salz

1 TL Leinsamen

200 – 300 ml Wasser

Topping

100 g TK-Beeren

15 g Nussmus

ZUBEREITUNG

1. Die Zucchini fein hobeln.

2. Die Haferflocken mit Zimt, Leinsamen, Salz und Wasser in einen kleinen Topf geben, vermischen und bis zur gewünschten Konsistenz aufkochen.

3. Die Zucchini unterrühren und für ca. 5 Minuten unter Rühren bei niedriger Temperatur ziehen lassen. Wenn die Zoats zu fest werden, etwas Wasser hinzugeben.

4. Das ISO Whey separat in einem Shaker mit 50 ml Wasser aufschütteln und zu den Zoats geben. Gut verrühren und gleich vom Herd nehmen.

5. In einer Schüssel mit dem Topping garniert servieren.

TIPP
Ein tolles Topping kannst auch aus fettarmen Joghurt oder Sojajoghurt gezaubert werden – einfach mit dem Tasty nach Wahl verfeinern.

Nährwerte 300 kcal | F 2,1 g | KH 45,9 g | P 19,3 g

DER GESUNDE

ZUTATEN
FÜR 1 SMOOTHIE

125 g Mango, gefroren

1 Banane

120 ml Mandel-milch, ungesüßt

20 g ISO Whey Vanille oder Vegan Protein Butterkeks Vanille

1 Zitrone

2 TL Honig oder ½ Scoop Tasty (Franzbrötchen oder Vanille)

½ TL Zimt

1 TL Ingwer (daumengroßes Stück)

Eiswürfel

ZUBEREITUNG

1. Banane schälen, Zitrone auspressen

2. Alle Zutaten in einem leistungsstarken Mixer etwa 1 Minute mixen, bis der Smoothie eine einheitliche, cremige Konsistenz hat.

3. In ein großes Glas füllen und frisch genießen.

TIPP

Anstatt der Mandelmilch kann auch frischer Orangensaft verwendet werden, dann wird der Smoothie zu einer echten Erfrischung.

Nährwerte 392 kcal | F 9,9 g | KH 35,1 g | P 37,1 g

DER HULK

ZUTATEN FÜR 1 SMOOTHIE

30 g ISO Whey Vanille

1 Handvoll Spinat, alternativ Feldsalat

½ Apfel mit Schale

1 Banane, klein geschält

¼ Avocado, geschält und entkernt

Saft von einer Orange

20 ml Zitronensaft

1 daumengroßes Stück Ingwer mit Schale

250 ml Wasser

ZUBEREITUNG

1. Das Obst und Gemüse waschen, ggf. schälen und klein schneiden.

2. Zuerst Banane und Avocado in den Mixbehälter geben. Anschließend die restlichen Zutaten hinzufügen.

3. Mit einem leistungsstarken Mixer etwa 1 Minute mixen, bis der Smoothie eine einheitliche, cremige Konsistenz hat.

4. In ein passendes Glas füllen.

TIPP

Der Shake eignet sich auch perfekt als Post-Workout Mahlzeit, da er alle wichtigen Nährstoffen enthält, die nach dem Training gebraucht werden.

Nährwerte pro Portion 122 kcal | F 1,1 g | KH 20,1 g | P 6,9 g

MANGO-LASSI OHNE ZUCKER

ZUTATEN FÜR 2 PORTIONEN

125 g fettarmer Naturjoghurt

65 ml ungesüßte Pflanzenmilch oder normale Milch

100 g Mango (frisch oder gefroren)

½ Scoop Tasty Mango

½ TL Zitronensaft

ZUBEREITUNG

1. Mango schälen und würfeln.

2. Alle Zutaten im Mixer fein mixen, mit Zitronensaft abschmecken,

3. Gekühlt servieren. Im Kühlschrank max. 24 Stunden haltbar.

TIPP

Es können auch andere Früchte, wie z.B. Himbeeren oder Erdbeeren und andere Tasty-Geschmäcker (z.B.: Vanille oder Erdbeer Weiße Schokolade etc.) verwendet werden, um andere Lassi zu kreieren.

Nährwerte 298 kcal | F 1,2 g | KH 48,1 g | P 20 g

VERY BERRY

ZUTATEN FÜR 1 PORTION

120 g reife Banane

75 g TK-Heidelbeeren (oder frische)

75 g TK-Brombeeren (oder frische)

100 ml kaltes Kokoswasser*

10 ml Reissirup oder Agavendicksaft (nach Belieben)

20 g ISO Whey Vanille oder Vegan Protein Butterkeks Vanille

30 ml Wasser

ZUBEREITUNG

1. Banane schälen und in Scheiben schneiden.

2. Gefrorene Beeren, Banane, Kokoswasser, Protein-pulver und Wasser in einem Hochleistungsmixer cremig pürieren.

3. Smoothie eventuell mit Reissirup oder Agavendick-saft nachsüßen.

* Achtung: hier gibt es große Kalorienunterschiede!

TIPP

Statt Heidelbeeren und Brombeeren können auch andere Beeren, wie z.B. Erd-beeren, Himbeeren oder Johannisbeeren für den Shake verwendet werden..

Nährwerte mit Datteln 227 kcal | F 4,3 g | KH 42,3 g | P 6,8 g

ERDBEERE TRIFFT BASILIKUM

ZUTATEN FÜR 1 PORTION

200 g gefrorene Erdbeeren

½ Becher Basilikumblätter

180 ml ungesüßte Mandelmilch

60 g Joghurt 0,1 %

3 Datteln (Alternativ 1 EL Honig oder ¼ Scoop Tasty Vanille

ZUBEREITUNG

1. Alle Zutaten in einen Mixer geben und etwa 1 Minute mixen, bis der Smoothie eine einheitliche, cremige Konsistenz hat. Am besten kalt genießen.

TIPP

Für den Start in den Tag kann der Smoothie ruhig etwas gehaltvoller sein. Dem Smoothie einfach eine Banane oder Haferflocken hinzufügen. Achtung: Dann wird etwas mehr Flüssigkeit benötigt – z.B.: Wasser oder Mandelmilch.

Nährwerte 470 kcal | F 10,4 g | KH 57,1 g | P 33,8 g

RINDFLEISCH-BAGUETTE

ZUTATEN FÜR 1 PORTION

½ mittelgroßes
Baguette
(ca. 100 g)

1 EL Senf

1 Tomate

Zwiebel
nach Belieben

1 Handvoll
Brunnenkresse

100 g Rinderfilet
frisch (oder
Rinderbraten aus
dem Kühlregal)

1 TL Olivenöl

optional: Rucola

Salz, Pfeffer

ZUBEREITUNG

1. Olivenöl in einer Pfanne erhitzen, darin Zwiebeln und dünn geschnittenes Rinderfilet (am besten vom Fleischer schneiden lassen) anbraten und mit Salz und Pfeffer würzen.

2. Tomate in Scheiben schneiden, Baguette längs aufschneiden und mit Senf bestreichen. Gebratenes Rinderfilet mit Zwiebeln, Brunnenkresse, Rucola und Tomaten darauf verteilen und genießen.

TIPP
Anstelle des Rinderfilets/Rinderbratens kann auch Rinder-Pastrami-Aufschnitt aus dem Kühlregal verwendet werden – hierbei sind Kalorienabweichungen möglich.

Nährwerte 390 kcal | F 24,8 g | KH 26,4 g | P 14,1 g

AVOCADO SANDWICH

ZUTATEN FÜR 1 PORTION

½ Avocado

1 Stangensellerie

¼ Bund Dill, gehackt

¼ EL Dijon Senf

etwas Tabasco (optional)

Salz, Pfeffer

2 Scheiben Vollkorn-Sandwich-Toast

1 Ei

20 g Thunfisch im eigenen Saft (Dose)

ZUBEREITUNG

1. Die Avocado schälen, Kern herauslösen und das Fruchtfleisch mit der Gabel zerdrücken. Den Sellerie und Dill fein hacken. Avocado, Sellerie, Dill und Senf miteinander vermischen und mit Tabasco, Salz und Pfeffer abschmecken.

2. Das Ei hart kochen, abkühlen lassen, pellen und in Scheiben schneiden

3. Die Vollkorn-Toastscheiben mit der Avocadocreme bestreichen. Thunfisch und Ei auf die Creme legen und mit der zweiten Toastscheibe abdecken, fertig!

TIPP

Anstelle von Thunfisch kann gebratene Hähnchenbrust oder Aufschnitt verwendet werden. Für eine vegetarische Variante, noch etwas Kresse und/oder Sprossen hinzufügen.

Nährwerte pro Portion 292 kcal | F 6,8 g | KH 23,1 g | P 30,3 g

CHILI CON CARNE

ZUTATEN FÜR 5 PORTIONEN

800 g Rindertatar

2 EL Tomatenmark

2 große Zwiebeln

1 Zehe Knoblauch

10 ml Öl zum Braten

2 rote Chilischoten

1 gehäufter EL Kreuzkümmelpulver

1 EL Chilipulver

3 Dosen gehackte Tomaten á 400 g

1 TL Zimt

Salz, Pfeffer

2 Dosen Kidneybohnen á 400 g

1 Dose Mais (Abtropfgewicht 285 g)

Sambal Oelek, optional

20 g dunkle Schokolade 85 % (optional)

1 EL Rinderbrühepulver (optional)

ZUBEREITUNG

1. Die Zwiebeln und den Knoblauch würfeln und in heißem Öl anschwitzen, bis sie weich sind. Gehackte Chilischoten mit Kernen, Kreuzkümmel- und Chilipulver hinzufügen und 2 Minuten weiter dünsten

2. Das Rindertartar in den Topf geben und bei großer Hitze ringsherum krümelig anbraten. Tomatenmark hinzufügen und kurz mit anschwitzen.

3. Die Dosentomaten und den Zimt unterrühren und mit Salz, Pfeffer und eventuell Rinderbrühe kräftig würzen.

4. Alles auf mittlerer Flamme 90 Minuten köcheln lassen, dabei gelegentlich umrühren. 30 Minuten vor Ende der Garzeit die Kidneybohnen und den Mais hinzufügen. Mit Sambal Oelek und dunkler Schokolade abschmecken.

TIPP

Mit selbst gemachten Kartoffelecken, Maiswaffeln, einem Klecks Naturjoghurt oder Guacamole servieren.

Nährwerte 357 kcal | F 6,1 g | KH 41,4 g | P 33 g

GESUNDER FITNESSDÖNER

ZUTATEN FÜR 1 PORTION

100 g Puten-oder Hähnchenbrust in Scheiben/Aufschnitt

1 Pita-Tasche, ca. 65 g (Vollkorn)

¼ Gurke

1 Tomate

1 Zwiebel

½ Romana-Salat

Rotkohl (optional)

Döner-Gewürz-mischung

Döner-Soße

50 g Joghurt (1,5 % Fett)

1 Knoblauchzehe

¼ Zwiebel

etwas Petersilie

Salz, Pfeffer

ZUBEREITUNG

1. Die Puten-/Hähnchenbrustscheiben in schmale Streifen schneiden, anschließend in einer Pfanne anbraten und mit der Döner-Gewürzmischung würzen.

2. Derweil Gurke, Tomate, Rotkohl, Romana-Salat, und die Zwiebel in kleine mundgerechte Stücke schneiden.

3. Für die Soße die ¼ Zwiebel und den Knoblauch klein hacken, zusammen mit der Petersilie und dem Joghurt zu einer Soße verrühren und mit Salz und Pfeffer abschmecken

4. Pita-Tasche in einem Toaster toasten, aufschneiden und mit Gemüse, Puten-/Hähnchenbrust und der Soße füllen, fertig!

TIPP

Für eine Extraportion Protein kann der Fitnessdöner zusätzlich mit etwas Fetakäse light gefüllt werden. Getrocknete Chiliflocken bringen noch mehr Schärfe.

Nährwerte 547 kcal | F 24,9 g | KH 28,8 g | P 50,4 g

GRIECHISCHE HÄHNCHEN-GYROS-PFANNE

ZUTATEN FÜR 1 PORTION

150 g Hähnchenbrust

1 Zehe Knoblauch

½ mittelgroße Zucchini

½ mittelgroße rote Zwiebel

2 Stk. getrocknete Tomaten in Öl (ca. 30 g)

50 g Kirschtomaten

1 Zweig Petersilie, glatt

10 ml Olivenöl

¼ TL Oregano

1 MS Thymian

¼ TL Paprikapulver

Salz, Pfeffer

5 ml Balsamicoessig

25 g grüne Oliven (Achtung: große Kalorienunterschiede)

60 g Orzo-Pasta

110 ml Wasser

40 g Feta, leicht

ZUBEREITUNG

1. Hähnchen unter kaltem Wasser abspülen, trocken tupfen und in Streifen schneiden. Knoblauchzehen schälen und fein hacken oder pressen. Gemüse waschen. Zwiebel in Halbringe oder kleine Würfel hacken. Eine Hälfte beiseite legen. Zucchini in dünne Scheiben schneiden. Die getrockneten Tomaten abtropfen lassen, trocken tupfen und fein schneiden.

2. Kirschtomaten halbieren, mit frischer gehackter Petersilie und einer Hälfte der roten Zwiebel vermengen, mit Salz und Pfeffer würzen und beiseitestellen.

3. In einer Pfanne Olivenöl erhitzen. Das mit getrockneten Kräutern, Salz, Pfeffer und Paprika gewürzte Hähnchen darin anbraten, bis es durchgegart ist. Mit Balsamicoessig ablöschen. Den Knoblauch unterrühren, eine Minute weiter kochen. Das Huhn aus der Pfanne nehmen und beiseitestellen.

4. In derselben Pfanne die Zucchini und getrockneten Tomaten etwa 3 – 4 Minuten weichdünsten lassen. Orzo und Wasser hinzufügen und mit Salz und Pfeffer würzen. Unter Rühren köcheln lassen, bis fast das gesamte Wasser verdunstet ist (ca. 10 Minuten).

5. Hähnchen und Oliven zum Orzo geben und alles gut verrühren, 3 Minuten durchwärmen lassen.

6. Vor dem Servieren die Mischung aus Petersilie, Kirschtomaten und Zwiebeln über die Hähnchen-Orzo-Pfanne geben und den Feta darüber streuen.

Nährwerte 644 kcal | F 26,5 g | KH 37,4 g | P 52,4 g

HÄHNCHEN-BUDDHA-BOWL

ZUTATEN FÜR 1 PORTION

400 g Blumenkohl

10 g frischer Koriander

1 Karotte

120 g Hähnchen-brust

½ Avocado

100 g gedünstete Erbsen

1 unbehandelte Limette

50 g Gurke

10 ml Sojasoße

China-Gewürz-mischung

Sriracha-Soße

10 ml Pflanzenöl

Dressing

100 ml Joghurt, 0,1 % Fett

Koriander

1 Zehe Knoblauch

Salz, Pfeffer

1 TL Erythrit

1 kleine unbehand-elte Limette

ZUBEREITUNG

1. Den Backofen auf 200 °C Umluft oder 220 °C Ober-/ Unterhitze vorheizen.

2. Das Hähnchen mit Küchenpapier trocken tupfen. Sojasoße mit der China-Gewürzmischung, Pflanzen-öl und 1 Prise Zucker mischen. Das Hähnchen mit der Mischung einreiben und abgedeckt für 20 Minuten marinieren lassen.

3. In dieser Zeit den Blumenkohl im Mixer oder mit einer Reibe zerkleinern. Den geriebenen Blumen-kohl, Pflanzenöl, 1 Prise Salz und die China-Gewürz-mischung gut vermischen. Gleichmäßig auf einem mit Backpapier ausgelegten Backblech verteilen und im Ofen ca. 10 Minuten backen.

4. Das Gemüse zerkleinern und beiseitestellen.

5. Das Dressing anrühren. Dazu Knoblauch und Ko-riander klein hacken. Limette auspressen und zum Joghurt geben. Mit Salz, Pfeffer und Erythrit ab-schmecken.

6. Das Hähnchen von beiden Seiten scharf anbraten und in Stücke schneiden.

7. Blumenkohlreis zusammen mit dem Gemüse und dem Hähnchen in einer Schüssel anrichten und das Dressing über die Bowl geben.

Nährwerte 471 kcal | F 15,3 g | KH 40,4 g | P 45,5 g

HÄHNCHENBRUST MIT GRÜNEM GEMÜSE

ZUTATEN FÜR 1 PORTION

150 g Hähnchenbrust

350 g grüner Spargel oder anderes Gemüse

150 g Kartoffeln

60 g Sauce Hollandaise light

1-2 Schalotte

1 Knoblauchzehe

10 ml Olivenöl

Salz, Pfeffer

Chiliflocken

ZUBEREITUNG

1. Die Kartoffeln waschen, in kleine Stücke schneiden und kochen.

2. Währenddessen den Spargel heiß abwaschen, die trockenen Enden entfernen und in Stücke schneiden.

3. Die Schalotten und den Knoblauch schälen, klein hacken und beiseitestellen.

4. Die Hähnchenbrust waschen, trocken tupfen, in mundgerechte Stücke schneiden und mit Olivenöl scharf in der Pfanne anbraten.

5. Anschließend die Schalotten, den Knoblauch und den Spargel dazugeben, kurz mit anbraten und alles würzen.

6. Als letztes die gekochten Kartoffelstücke hinzugeben und mit der Sauce Hollandaise ablöschen.

TIPP
Spargel ist grundsätzlich reich an gesunden Inhaltsstoffen. Dieser hat natürlich nicht immer Saison. Der grüne Spargel kann durch andere grüne Gemüsesorten ersetzt werden. Sie enthalten eine große Menge an Ballaststoffen, die u.a. für eine gut funktionierende Verdauung und eine gesunde Darmflora wichtig sind.

Nährwerte pro Portion 231 kcal | F 8,7 g | KH 19,9 g | P 16,2 g

HÄHNCHEN-ERDNUSS-WRAP

ZUTATEN FÜR 2 PORTIONEN

150 g Hähnchen-brustfilets

1½ TL Honig

1½ EL Sojasoße

Salz, Pfeffer

¼ Salatgurke

1 Möhre

2 Stiele Koriander

4 Blätter Eisberg- oder Romanasalat

25 g Erdnussmus

2 EL Peanut-butter-Pulver

3 EL flüssige Kokosmilch, light

10 ml Kokosöl

Cayennepfeffer

2 Vollkorn-Tortilla-Wraps

2 EL Frischkäse, 0,2 % Fett

ZUBEREITUNG

1. Hähnchenbrust waschen, trocken tupfen und in Streifen schneiden. Eine Hälfte Honig und eine Hälfte Sojasoße in einer Schüssel verrühren, mit Salz und Pfeffer kräftig würzen, Hähnchenbrust darin marinieren und etwa 10 Minuten ziehen lassen.

2. Inzwischen Salatgurke und Möhre waschen und in feine Stifte schneiden. Koriander waschen, trocken schütteln und Blätter grob hacken. Salat waschen, trocken tupfen und in dünne Streifen schneiden.

3. Für die Erdnuss-Kokos-Soße Erdnussmus und die flüssige Kokosmilch in eine Schüssel geben. Mit Cayennepfeffer, restlicher Sojasoße und restlichem Honig abschmecken.

4. Kokosöl in einer beschichteten Pfanne erhitzen, Hähnchenbrust aus der Marinade nehmen und von allen Seiten bei mittlerer Hitze goldbraun braten. Herausnehmen, beiseitelegen und Pfanne aus-wischen.

5. Wraps in der Pfanne ohne Fett auf jeder Seite ca. 30 Sekunden rösten oder alternativ in der Mikro-welle erhitzen. Anschließend jeden Wrap mit 1 EL Frischkäse bestreichen und auf einer Hälfte mit Hähnchen, Salatgurke, Möhre und Salat belegen. Erdnuss-Kokos-Soße darüber träufeln und mit Kori-ander bestreuen. Hähnchen-Wrap einschlagen und zusammenrollen.

Nährwerte 570 kcal | F 26,8 g | KH 34,1 g | P 43,2 g

IM OFEN GEBACKENE HACKBÄLLCHEN MIT PESTO

ZUTATEN FÜR 1 PORTION

150 g Rindertatar

1 Ei (S)

20 g frische Semmelbrösel / alternativ 1 TL Flohsamenschalen

35 g grünes Pesto
(Achte beim Kauf auf die Nährwerte!)

1 Knoblauchzehen, grob gehackt

½ TL Oregano

1 TL Olivenöl

1 kleine rote Zwiebel, fein gehackt

250 ml passierte Tomaten

40 g Mozzarella, light

Basilikumblätter

ZUBEREITUNG

1. Backofen auf 200 °C Ober-/Unterhitze vorheizen.

2. Hackfleisch, Ei, Semmelbrösel, Pesto und ¼ des gehackten Knoblauchs in einer Schüssel mischen. Die Hälfte des Oregano zur Fleischmischung geben. Würzen, dann zu großen Frikadellen formen.

3. Öl in einer tiefen, ofenfesten Pfanne erhitzen. Die Fleischbällchen unter Wenden 6 – 7 Minuten bei mittlerer Hitze darin braten, bis sie überall gebräunt sind. Aus der Pfanne nehmen und beiseitestellen.

4. Für die Soße Zwiebeln und restlichen Knoblauch in die Pfanne geben und unter Rühren anbraten, bis sie weich sind. Passierte Tomaten hinzugeben, würzen und zum Köcheln bringen.

5. Die Soße zusammen mit den Fleischbällchen in eine ofenfeste Form geben und mit Käse und restlichem Oregano bestreuen. 15 – 20 Minuten backen, bis die Fleischbällchen gar sind und der Käse sprudelt.

6. Mit extra Pesto (Achtung: unbedingt mit einberechnen) und Basilikumblättern servieren.

Nährwerte 695 kcal | F 15,5 g | KH 83,6 g | P 38,5 g

LACHS AUF SPAGHETTI MIT BROKKOLI & ZITRONENSOßE

ZUTATEN FÜR 1 PORTION

100 g Lachsfilet ohne Haut

100 g Brokkoli

100 g Nudeln, ungekocht

1 mittelgroße Schalotte

5 ml Olivenöl

50 g Frischkäse, 0,2 % Fett

40 ml Milch, 1,5 % Fett

½ mittelgroße Zitrone

1 TL Erythrit

Salz, Pfeffer

1 MS Chiliflocken

½ Zitrone in Scheiben

ZUBEREITUNG

1. Brokkoli putzen, waschen und in kleine Röschen teilen. Nudeln nach Packungsanweisung in kochendem Salzwasser garen. Ca. 5 Minuten vor Ende der Garzeit Brokkoli zugeben und mitgaren.

2. Schalotten schälen und fein würfeln. Das Öl erhitzen, Schalotten darin andünsten. Frischkäse und Milch zugeben und unter Rühren weiter erwärmen. Wenn eine glatte Soße entstanden ist, Zitronenschale und -saft zugeben. Falls die Soße noch zu dick ist, etwas Nudelkochwasser unterrühren. Mit Erythrit, Salz, Pfeffer und den Chiliflocken abschmecken.

3. Lachsfilet waschen, trocken tupfen und in Stücke schneiden. Das restliche Öl in einer beschichteten Pfanne erhitzen. Fisch darin unter Wenden 3 – 4 Minuten braten. Mit Salz und Pfeffer würzen. Nudeln abgießen, abtropfen lassen und mit der Soße mischen. Den Brokkoli dazugeben und kurz mitdünsten.

4. Alles zusammen anrichten und mit Zitrone garnieren.

TIPP
Der Lachs kann auch durch Hähnchen oder Pute ersetzt werden.

Nährwerte ohne Beilage mit Soße 387 kcal | F 7,4 g | KH 23,3 g | P 50,8 g

OMAS FITNESS-ROULADEN

ZUTATEN
FÜR 1 PORTION

1 Rinderroulade,
ca. 200 g

2 kleine
Gewürzgurken

½ Zwiebel

Salz, Pfeffer

1 TL mittel-
scharfer Senf

2 Scheiben Bacon
(optional Geflügel)

Soße

1 Möhre

1 Zwiebel

50 g Sellerie

½ Stange Lauch

Petersilie

150 ml Rinderfond

1 TL Thymian

½ Lorbeerblatt

1 EL Tomatenmark

ZUBEREITUNG

1. Gewürzgurken längs vierteln. Zwiebeln halbieren und in dünne Streifen schneiden. Rouladen ausrollen, waschen und trocken tupfen, ggf. ausklopfen und auf ein großes Brett legen. Das Fleisch salzen, pfeffern, mit Senf bestreichen und je 2 Scheiben Bacon belegen.

2. Gewürzgurken auf dem breiten Ende der Rouladen verteilen. Mit Zwiebelstreifen belegen, die Längsseiten darüber klappen und vom breiten Ende aus aufrollen. Fleisch mit Rouladennadeln feststecken und Rouladen von allen Seiten mit Salz und Pfeffer würzen.

3. Für die Soße Möhren und Sellerie schälen und in ca. 1 cm große Würfel schneiden. Lauch putzen und mit den Zwiebeln in ca. 1 cm große Würfel schneiden. 3 El Öl in einem Bräter erhitzen, Rouladen darin rundum anbraten, danach herausheben. Restliches Öl im Bräter erhitzen, Gemüse darin anrösten. Lorbeer, Thymian und Tomatenmark dazugeben und unter Rühren kurz mitrösten. Rinderfond dazugeben und kurz einkochen lassen, anschließend die Rouladen hineinlegen.

4. Im vorgeheizten Ofen bei 180 °C (Gas 2 – 3, Umluft 160 °C) auf der 1. Schiene von unten 1,5 Stunden zugedeckt garen, dabei ab und zu wenden und eventuell Wasser (200 ml) dazugießen. Rouladen herausheben und warm stellen.

5. Kräuter entfernen, Soße durch ein Sieb in einen Topf streichen, aufkochen und abschmecken. Rouladen 8 – 10 Minuten bei milder Hitze darin ziehen lassen. Mit Beilage nach Wahl servieren.

Nährwerte Pizzaboden 432 kcal | F 10,7 g | KH 35,8 g | P 44,1 g

PROTEIN-PIZZA GRUNDREZEPT

ZUTATEN
FÜR 1 PORTION

40 g Backprotein

30 g Magerquark

50 g Dinkelmehl

10 ml Olivenöl

75 ml Wasser

1 Prise Salz

¼ Packung
Backpulver

ZUBEREITUNG

1. Backofen auf 200 °C (Umluft) vorheizen.

2. Den Quark in einer separaten Schüssel zusammen mit dem Wasser zu einer glatten Masse verrühren. Diese auf die trockenen Komponenten geben und anschließend alles zu einem glatten Teig kneten.

3. Den Teig sehr dünn ausrollen und mit Olivenöl bestreichen und für 15 Minuten bei 200 °C vorbacken. Teig nach Wahl belegen und erneut für 15 Minuten im Ofen backen, bis er schön knusprig ist.

Nährwerte Belag 197 kcal | F 5 g | KH 7,1 g | P 30,2 g

GEMÜSE-HÄHNCHEN-PIZZA

100g Hähnchen-
brust frisch oder
Aufschnitt

200 g grüner
Spargel o. Brokkoli

1 Handvoll Rucola

20 g Frischkäse,
0,2% Fett

40 ml Sauce
Hollandaise light

Erdbeeren frisch

1. Die Hähnchenbrust in dünne Streifen schneiden, anbraten und nach Belieben würzen.

2. Den grünen Spargel putzen, in mundgerechte Stücke schneiden und kurz (2 - 3 min) in kochendem Wasser dünsten, anschließend kalt abschrecken.

3. Den vorgebackenen Pizzaboden mit Frischkäse bestreichen und anschließend mit Rucola, Spargel, Erdbeeren und Hähnchen belegen. Die Sauce Hollandaise über die Pizza geben und genießen!

Nährwerte 541 kcal | F 15,2 g | KH 52,8 g | P 43,4 g

RINDERFILETSTREIFEN IN DER GEMÜSEPFANNE

ZUTATEN FÜR 1 PORTION

150 g Rinderfilet

1 Zehe Knoblauch

10 ml Sojasoße
(achte auf die kcal.,
es gibt hier große
Unterschiede)

70 g grüne Bohnen,
frisch oder TK

100 g Brokkoli,
frisch oder TK

1 EL Rapsöl
(eignet sich zum scharfen
Anbraten am besten)

1 Paprika

½ Zwiebel

Salz/Pfeffer

1 TL Petersilie

50 g Basmatireis,
ungekocht

ZUBEREITUNG

1. Rinderfilet in Streifen schneiden und in einem Gefrierbeutel für ca. 20 Minuten in einer Marinade aus gepresstem Knoblauch, Sojasoße, Salz und Pfeffer ziehen lassen.

2. Frische Bohnen und frischen Brokkoli waschen und putzen oder einfach Tiefkühlware nehmen und in Salzwasser bissfest garen und abgießen.

3. Reis nach Packungsanleitung kochen.

4. Marinierte Rinderfilet-Streifen in der Hälfte des Rapsöls in einer Pfanne rundherum scharf anbraten, herausnehmen und beiseitestellen.

5. Zwiebel schälen, klein würfeln und im restlichen Rapsöl anschwitzen. Dann Paprika würfeln und darin anbraten. Bohnen und Brokkoli dazugeben und alles mit Salz und Pfeffer abschmecken. Zum Schluss die Rinderfilet-Streifen unterheben und mit Petersilie verfeinern.

6. Gemüse-Fleisch-Mix mit Reis anrichten, fertig.

TIPP
Alternativ kann auch Hähnchenbrust verwendet werden. Als fleischlose Alternative eignet sich Tofu mit Mandel oder Erdnuss gewürzt.

Nährwerte 600 kcal | F 25,7 g | KH 41,9 g | P 47,8 g

SAUERKRAUT-BURGER

ZUTATEN FÜR 1 PORTION

1 Burger-Bun

150 g Tatar

1 TL Chiliflocken

Salz/Pfeffer

10 ml Rapsöl

2 Scheiben Schmelzkäse, light

10 ml Ketchup, light

5 ml Senf

5 ml Mayo, light

1 Blatt grüner Salat

25 g Sauerkraut

1 Gewürzgurke

ZUBEREITUNG

1. Rinderhack mit Chiliflocken, Salz und Pfeffer verkneten und ein Burger-Patty daraus formen. Mit Rapsöl in einer heißen Pfanne bis zum gewünschten Gargrad beidseitig braten. Zum Schluss die Käsescheiben auf dem Patty anschmelzen lassen.

2. Burger Bun halbieren und die Schnittfläche in der Pfanne im Bratensatz vom Burger-Patty anrösten.

3. Gewürzgurke in schmale Streifen schneiden. Light-Ketchup, Mayo und Senf mit etwas Gurkenwasser zu einer Soße verrühren.

4. Die Burger-Bun-Unterseite mit Soße bestreichen, Salat grob zupfen und daraufflegen. Anschließend Burger-Patty, Sauerkraut, Gewürzgurke und Röstzwiebeln darauf übereinanderstapeln, mit der oberen Burger-Bun-Hälfte abdecken und sofort genießen.

TIPP
Statt Ketchup light kann auch eine BBQ-Soße light verwendet werden.
Selbst gemachte Kartoffelecken aus dem Airfryer passen perfekt zum Burger!

Nährwerte pro Portion mit Reis 481 kcal | F 8,9 g | KH 45,5 g | P 53 g

SCHARFES KÄSE-HÄHNCHEN

ZUTATEN FÜR 4 PORTIONEN

600 g Hähnchen-brust

Chipotle-Gewürz (oder Paprika, Chili, Salz, Pfeffer)

400 g Blattspinat

35 g frische Petersilie

200 g Reis, ungekocht

Soße

250 ml Milch, fettarm

200 g Schmelzkäse leicht 9%

30 g Cheddar/ Mozzarella leicht

Knoblauchpulver

Petersilienflocken

Salz, Pfeffer

2 TL Chipotle-Sauce

ZUBEREITUNG

1. Reis nach Packungsanleitung kochen.

2. Hähnchenbrust halbieren und leicht flachklopfen, damit sie gleichmäßig gart und nicht trocken wird. Von beiden Seiten mit der Gewürzmischung be-streuen.

3. Alle Soßen-Zutaten in einem Mixer durchmixen und anschließend in einer Pfanne bei mittlerer Hitze er-wärmen.

4. Den Spinat klein hacken und zur Soße geben.

5. Die Hähnchenbrust rundherum durchbraten und anschließend in mundgerechte Stücke schneiden.

6. Reis in eine Schale geben, mit etwas Soße über-gießen, Hähnchen darauf legen und mit Petersilie garniert servieren.

TIPP
Der Schmelzkäse kann durch Frischkäse light ersetzt werden.

Nährwerte 407 kcal | F 15,5 g | KH 26,5 g | P 37,8 g

SCHNELLER WRAP AUS DER PFANNE

ZUTATEN FÜR 1 PORTION

1 Wrap

5 g Öl zum Anbraten

1 Ei

100 g Hähnchen-brust-Aufschnitt

20 g Frischkäse, 0,2 % Fett

130 g Tomate

100 g Gurke

Schnittlauch, klein geschnitten

Salat nach Wahl

Salz, Pfeffer

ZUBEREITUNG

1. Das Ei mit Salz und dem Pfeffer verquirlen und im Anschluss in einer Pfanne anbraten.

2. Den Wrap auf das Ei legen und beides gemeinsam in der noch heißen Pfanne wenden.

3. Gurke und Tomaten in Scheiben schneiden.

4. Den Wrap mit Frischkäse bestreichen und noch in der Pfanne mit Salat nach Wahl, Gurke, Tomate, Hähnchenbrust und Schnittlauch belegen.

5. Den Wrap zusammenklappen und auf einem Teller anrichten.

TIPP
Der Wrap kann zusätzlich mit Salat und Gemüse gefüllt werden, damit bekommt er mehr Volumen und sättigt noch mehr. Auch Hummus als zusätzlich Proteinquelle eignet sich hervorragend.

Nährwerte 594 kcal | F 12 g | KH 68 g | P 53 g

SPINAT-PENNE MIT HUHN

ZUTATEN FÜR 1 PORTION

120 g Hähnchen-brust

120 ml Dosen-tomaten, stückig

250 g Blattspinat

5 ml Rapsöl

80 g Vollkorn-nudeln, ungekocht

10 g Parmesan

1 Prise Salz

1 Prise Pfeffer

20 ml Balsamico-essig (optional)

Kräuter der Provence

ZUBEREITUNG

1. Nudeln nach Packungsanleitung kochen.

2. In der Zwischenzeit Hähnchenbrust in schmale Streifen schneiden und in einer Pfanne mit einem Schuss Rapsöl knusprig anbraten. Herausnehmen, beiseitestellen.

3. Erneut Rapsöl in die Pfanne geben, Spinat dazu-geben und bei mittlerer Hitze so lange schmoren, bis er zusammenfällt.

4. Hähnchen zum Spinat in die Pfanne geben, unter Rühren erwärmen und mit den Dosentomaten ab-löschen.

5. Mit den Kräutern würzen und mit Balsamico ab-schmecken.

6. Nudeln abtropfen lassen, mit in die Pfanne geben und kurz darin schwenken.

7. Auf einem Teller anrichten und mit Parmesan be-streuen.

TIPP
2 Esslöffel Frischkäse mit 0,2 % Fett machen die Sauce cremiger.

Nährwerte ohne Topping 836 kcal | F 28,9 g | KH 76,9 g | P 53,8 g

THAI-QUINOA-BOWL

ZUTATEN FÜR 1 PORTION

1 EL Olivenöl

1 kleine rote Zwiebel, gehackt

3 Knoblauchzehen, gehackt

250 g Brokkoli, gehackt

250 g Rotkohl, geschnitten

250 g Karotten, geschnitten

50 g Quinoa, ungekocht, gespült und abgetropft

1 ½ Tassen Hühnerbrühe

1 TL Ingwer, gemahlen

50 g TK-Edamame, aufgetaut

100 g Hähnchenbrust

Meersalz, Pfeffer

Erdnusssoße

15 g Erdnussbutter

1–2 EL heißes Wasser

1 EL Reisessig

1 TL Sojasoße (Achtung: große kcal.-Unterschiede)

1 TL Erythrit

½ TL Sesamöl

Chiliflocken

¼ TL Ingwer, gemahlen

Topping

Koriander

10 g gehackte Erdnüsse

ZUBEREITUNG

1. Olivenöl in einer großen Pfanne bei mittlerer Hitze erhitzen. Die rote Zwiebel hinzugeben und anbraten, bis sie weich ist.

2. Den gehackten Knoblauch hinzugeben und ebenfalls anbraten, bis er duftet.

3. Brokkoli, Rotkohl und Karotten dazugeben. Umrühren und 1 Minute braten.

4. Quinoa, Hühnerbrühe, Ingwer, Salz und Pfeffer hinzufügen, alles gut umrühren und bei geschlossenem Deckel kochen. Hierbei die auf der Quinoapackung angegebene Kochzeit beachten.

5. Während der Quinoa kocht, die Erdnusssoße zubereiten. Dafür alle Soßenzutaten mischen und gut umrühren, bis die Soße vollständig glatt ist.

6. Hähnchenbrust in dünne Streifen schneiden Edamame und Hähnchenbrust zur Quinoamischung hinzufügen, einrühren und solange kochen lassen, bis die Hähnchenbrust durchgegart ist.

7. Quinoa-Mischung in eine Schüssel geben, mit Erdnusssoße und optional Koriander und Erdnüssen toppen.

Nährwerte ohne Beilage 429 kcal | F 25,3 g | KH 8,6 g | P 36 g

LACHSFILET AN FENCHEL-ORANGEN

ZUTATEN FÜR 1 PORTION

100 Lachsfilet mit Haut

350 g Fenchel

2 Bio-Orangen

1 Frühlingszwiebel

1 Knoblauchzehen

40 ml Weißwein oder Weißweinessig

10 ml Olivenöl

Salz, Pfeffer

Beilage (optional)

Wildreis, Basmatireis oder Quinoa

ZUBEREITUNG

1. Zuerst den Fenchel putzen. Das Fenchelgrün beiseite legen. Die Fenchelknollen der Länge nach halbieren, vom Strunk befreien und in dünne Streifen schneiden. Die Frühlingszwiebeln in feine Ringe und das Grün in schmale Röllchen schneiden.

2. Eine Orange mit heißem Wasser waschen, abtrocknen und die Schale fein abreiben. Orangenfilets zwischen den Trennhäuten herauslösen. Die weiße Haut entfernen. Die zweite Orange auspressen.

3. Den Knoblauch schälen und fein hacken. In einer Pfanne das Olivenöl erhitzen. Fenchel und Frühlingszwiebel darin 3 – 4 Minuten kräftig anbraten. Den Knoblauch dazugeben und mit andünsten.

4. Orangensaft und abgeriebene Schale sowie Weißwein/Essig hinzufügen und ca. 2 Minuten dünsten lassen. Den Deckel auf die Pfanne geben und noch ca. 3 Minuten weiterdünsten, bis der Fenchel bissfest ist. Anschließend die Orangenfilets langsam unterheben, alles mit Salz und Pfeffer abschmecken und warm halten.

5. Das Lachsfilet mit Salz und Pfeffer würzen, in einer Pfanne das Olivenöl erhitzen und 2 – 3 Minuten (je nach Dicke des Filets) braten. Das Lachsfilet auf einem Teller anrichten, mit dem Saft des Fenchel-Orangengemüses beträufeln. Dann das Fenchel-Orangen-Gemüse dazugeben. Zum Schluss mit Fenchelgrün garnieren, fertig.

Nährwerte 406 kcal | F 8,1 g | KH 21,2 g | P 58,9 g

HÜHNERFRIKASSEE – DER KLASSIKER ALS LIGHT-VERSION

ZUTATEN FÜR 1 PORTION

200 g Hähnchen-brustfilet

1 Zwiebel

½ Bund Suppengrün

1 Lorbeerblatt

60 ml Sojacreme light

50 g Möhren

50 g kleine Champignons (frisch oder aus der Dose)

75 g TK-Erbsen

1 TL Zitrone

1 Msp. Muskatnuss

Salz

Pfefferkörner (grob)

Kapern (optional)

ZUBEREITUNG

1. Hähnchen waschen und trocken tupfen. Hähnchenbrust in 500 ml Wasser mit wenig Salz zum Kochen bringen. Entstehenden Schaum bitte abschöpfen.

2. Inzwischen Suppengrün putzen, Möhre und Sellerie schälen und alles grob zerkleinern. Zwiebel ungeschält halbieren. Zwiebel und Suppengrün zusammen mit Lorbeerblatt und Pfefferkörnern zum Hähnchen geben und bei mittlerer Hitze 35 Minuten kochen.

3. Hähnchenbrust aus dem Topf nehmen und beiseitelegen. Fond durch ein Sieb geben und auffangen oder einfach pürieren. Den Fond zusammen mit der Sojacreme zum Kochen bringen. Bei starker Hitze etwas einkochen lassen, es soll eine cremige Konsistenz entstehen.

4. Inzwischen die Champignons waschen und halbieren und die Möhren schälen, längs vierteln und in kleine Stücke schneiden. Möhren und Champignons zum Fond in den Topf geben und 10 Minuten bei mittlerer Hitze kochen.

5. Hähnchenfleisch in 2 cm große Würfel schneiden. Erbsen und Fleisch zum Fond geben und weitere 3 Minuten kochen. Die Zitrone auspressen. Hühnerfrikassee mit Salz, Pfeffer, Muskat und Zitronensaft würzen und nach Belieben mit einigen Kapern garnieren.

Nährwerte 454 kcal | F 15,3 g | KH 55,1 g | P 20,2 g

CREMIGER NUDELAUFLAUF

ZUTATEN FÜR 1 PORTION

100 g Hokkaido-Kürbis

65 g Penne, ungekocht

1 Zehe Knoblauch

1 kleine Schalotte

¼ TL Currypulver

150 ml Gemüse-brühe

40 g körniger Frischkäse (light)

Basilikum

15 g geriebener Parmesankäse

10 ml Pflanzenöl

Salz, Pfeffer

ZUBEREITUNG

1. Kürbis entkernen und würfeln. Schalotte und Knoblauch schälen und fein hacken. Etwas Pflanzenöl bei mittlerer Temperatur in einer Pfanne erhitzen, Knoblauch und Schalotte darin glasig dünsten. Kürbis dazugeben und mit anbraten. Currypulver hinzufügen und mit Salz und Pfeffer würzen.

2. Nach und nach die Gemüsebrühe dazugießen und langsam zum Köcheln bringen. Sobald der Kürbis bissfest ist, leicht zerdrücken und körnigen Frischkäse sowie etwas gezupften Basilikumblätter unterrühren. Bei mittlerer Hitze weiterköcheln lassen.

3. Pasta nach Packungsanweisung zubereiten, abgießen und mit der Kürbis-Käse-Soße vermengen.

4. Backofen auf 200 °C Umluft vorheizen. Pasta in eine gefettete Auflaufform geben, mit Parmesankäse bestreuen und für ca. 10 Minuten backen, bis der Käse goldbraun ist. Mit Basilikum bestreut servieren.

TIPP
Bei Hokkaido-Kürbis kann die Schale mitgegessen werden – vor der Zubereitung gut waschen! Schneide den Kürbis in ungefähr gleich große Stücke, damit alles gleichmäßig gar wird.

Nährwerte 535 kcal | F 13 g | KH 85 g | P 21 g

GESUNDE PASTA – VEGAN & PROTEINREICH

ZUTATEN FÜR 2 PORTIONEN

½ Zwiebel

10 ml Olivenöl

1 mittelgroße Zucchini

1 Tomate

50 g Cherrytomaten

200 g gehackte Tomaten

65 g rote Linsen

100 ml Kokosmilch

Salz

Paprikapulver

getrocknete italienische Kräuter

40 g frischer junger Spinat

150 g Spaghetti, ungekocht

ZUBEREITUNG

1. Zwiebel und Gemüse klein schneiden. Olivenöl in einer Pfanne erhitzen, Zwiebeln und Gemüse kurz andünsten.

2. Linsen, gehackte Tomaten, Kokosmilch und Gewürze dazugeben.

3. Soße für 15 Minuten köcheln lassen. Zuletzt den frischen Spinat unterheben.

4. Spaghetti in reichlich Salzwasser nach Packungsanleitung al dente kochen.

5. Spaghetti mit Gemüsesoße anrichten.

TIPP
Für mehr Protein kann zusätzlich Tofu angebraten werden.

Nährwerte Belag 269 kcal | F 9,8 g | KH 22,6 g | P 19,4 g

VEGGIE-PIZZA KLASSISCH GRÜN

ZUTATEN FÜR 1 PORTION

Pizzaboden inkl. Nährwerte siehe Rezept Seite 69

Belag

30 g Brokkoli-röschen

1 rote Paprika

1 kleine Zucchini

100 g Kirschtomaten

1 EL Ofengemüse-Gewürz

5 ml Olivenöl

2 Zweige Rosmarin

25 g entsteinte schwarze Oliven*

50 g Mozzarella, light

60 ml passierte Tomaten

ZUBEREITUNG

1. Backofen auf 200 °C vorheizen, den Brokkoli in kochendem Salzwasser blanchieren. Restliches Gemüse waschen und putzen. Paprika in schmale Streifen, Zucchini in Scheiben schneiden, Tomaten halbieren. Das Ofengemüse-Gewürz mit 5 ml Olivenöl verrühren und Tomaten, Zucchini und Brokkoli mit der Gewürz-Öl-Mischung marinieren.

1. Den ausgerollten Pizzabodenteig 10 min vorbacken, mit passierten Tomaten bestreichen und zurück in den Ofen schieben.

2. Gemüse auf einem mit Backpapier belegten Backblech möglichst nebeneinander verteilen. Rosmarinzweige in Stücke schneiden und dazugeben. Gemüse für 15 – 20 Minuten im Backofen anrösten, dabei einmal wenden. Inzwischen Oliven halbieren, Mozzarella in Scheiben schneiden.

3. Pizza aus dem Ofen nehmen und mit Gemüse und Käse belegen, fertig

* Achtung: hier gibt es große Kalorienunterschiede!

Nährwerte pro Portion 703 kcal | F 24 g | KH 88,1 g | P 26,8 g

PROTEIN-BUDDHA-BOWL

ZUTATEN FÜR 2 PORTIONEN

500 g Süßkartoffeln

150 g Quinoa, ungekocht

1 Dose Kichererbsen (220 g Abtropfgewicht)

200 g Tofu

½ Kopf Rotkraut (ca. 270 g)

250 g Karotten

1 Avocado

1 Limette

10 ml Öl (z. B. Rapsöl)

Sojasoße

Salz, Chilipulver, Currypulver

Joghurt-Soße

3 EL Sojajoghurt

1 Limette

1 EL Senf

Zum Garnieren

Brombeeren (saisonal)

frische Kräuter (z. B. Petersilie)

Sesamsamen

ZUBEREITUNG

1. Backofen auf 200 °C Ober-/Unterhitze vorheizen. Süß-kartoffel schälen und in längliche Stücke schneiden. Mit ¼ TL Salz und 1 EL Olivenöl mischen, auf dem Backblech verteilen und im vorgeheizten Backofen auf der mittleren Schiene für ca. 20 Minuten backen oder im Airfryer ohne Öl zubereiten.

2. Quinoa mit ¼ TL Salz und 240 ml Wasser aufkochen und bei mittlerer Hitze für ca. 15 Minuten köcheln lassen. Vom Herd nehmen und für 5 Minuten quellen lassen, anschließend mit der Gabel auflockern.

3. Kichererbsen abtropfen lassen und in einer Pfanne mit Salz, Currypulver, Chilipulver und etwas Öl mischen. Unter Rühren für 5 Minuten kräftig anbraten, dann heraus-nehmen und beiseitestellen.

4. Tofu in Scheiben schneiden, in die Pfanne geben, mit Öl, Sojasoße und dem Saft ½ Limette beträufeln und unter Rühren knusprig anbraten.

5. Rotkraut in feine Scheiben schneiden. Karotten schälen und fein raffeln. Avocado halbieren, Stein herauslösen, Fruchtfleisch mit einem Löffel herauslösen.

6. Für die Soße den Sojajoghurt mit dem Saft der übrigen ½ Limette und dem Senf kräftig verrühren. Frische Kräuter fein hacken.

7. Zum Servieren mit Brombeeren, Kräutern und Sesam-samen und garnieren.

Nährwerte 577 kcal | F 23,8 g | KH 60,4 g | P 26,5 g

SOBA-NUDELN MIT BROKKOLI, EDAMAME UND ERDNÜSSEN

ZUTATEN FÜR 1 PORTION

200 g Brokkoli

15 g Erdnüsse aus der Dose (im Ofen gebacken)

40 g TK-Edamame (aufgetaut)

1 Frühlingszwiebel

¼ Handvoll frischer Koriander

75 g Soba-Nudeln (Buchweizennudeln)

Soße

½ Knoblauchzehe

5 g Ingwer

1 Bio-Limette

5 ml Sesamöl

15 g Erdnussmus

5 ml Sojasoße (light)

5 ml Reisessig

Salz und Pfeffer

1 EL Erythrit

ZUBEREITUNG

1. Brokkoli putzen, waschen, 3 Minuten in kochendem Salzwasser garen, abschrecken und abtropfen lassen. Edamame in kochendem Salzwasser 1 Minute garen und abschrecken. Frühlingszwiebel putzen, waschen und schräg in Ringe schneiden. Koriander waschen, trocken schütteln und Blättchen grob hacken.

2. Nudeln nach Packungsanleitung zubereiten. Knoblauch und Ingwer schälen und fein hacken. Nudeln abgießen, und abtropfen lassen, dabei etwas Kochwasser auffangen. Nudeln mit 1 EL Sesamöl mischen.

3. Erdnussmus mit Sojasoße, Reisessig, Knoblauch und Ingwer in eine Schüssel geben und mit etwas Nudelkochwasser glatt rühren. Mit Salz, Pfeffer und Saft von ½ Limette abschmecken.

4. In einem Wok oder einer großen Pfanne restliches Sesamöl vorsichtig erhitzen. Soba-Nudeln mit Brokkoli, Edamame, Frühlingszwiebeln und Soße darin bei mittlerer Hitze 5 Minuten schwenken und abschmecken.

5. In einer Schüssel verteilen, mit gehackten Erdnüssen und Korianderblättchen bestreuen. Restliche Bio-Limette in Spalten schneiden und zu den Soba-Nudeln anrichten.

TIPP
Tofu passt als weitere Proteinquelle hervorragend zu diesem Gericht.

Nährwerte 736 kcal | F 31,8 g | KH 87,9 g | P 20,9 g

SÜßKARTOFFEL-CURRY

ZUTATEN FÜR 1 PORTION

1 TL Kokosnussöl

½ weiße Zwiebel, gewürfelt

1 Knoblauchzehe, gehackt

2 EL thailändische rote Curry-Paste*

100 g Süßkartoffel

200 g gehackte Tomaten (Dose)

120 ml Gemüsebrühe

25 g Erdnussmus

60 ml Kokos-milch, light*

Saft von 1 Limette

60 g Jasminreis, ungekocht

15 g Erdnüsse, gehackt

½ Handvoll frischer Koriander

ZUBEREITUNG

1. Das Kokosöl bei mittlerer Hitze in einer großen Pfanne erhitzen. Die Zwiebel hinzugeben und etwa 5 Minuten lang schmoren, bis sie weich ist.

2. Knoblauch und rote Curry-Paste hinzufügen und gut umrühren. Süßkartoffeln, gehackte Tomaten und Gemüsebrühe zugeben, mit Salz und Pfeffer würzen.

3. Alles zum Kochen bringen, dann die Hitze auf mittel bis niedrig reduzieren und 30 – 35 Minuten köcheln lassen, bis die Süßkartoffeln weich sind. In der Zwischenzeit den Reis nach Anleitung kochen.

4. Anschließend das Erdnussmus und die Kokosmilch in einer kleinen Schüssel verquirlen. In die Pfanne gießen und gut umrühren.

5. Das Curry vom Herd nehmen, Limettensaft hinzu-fügen, gut mischen und mit dem gekochten Reis anrichten. Mit den gehackten Erdnüssen und dem Koriander garnieren.

* Achtung: hier gibt es große Kalorienunterschiede!

Nährwerte 813 kcal | F 41,9 g | KH 54,5 g | P 51,3 g

TERIYAKI-TOFU-ONE-POT

ZUTATEN
FÜR 1 PORTION

300 g fester Tofu

250 g Gemüse
nach Wahl

10 ml Tamari
oder Sojasoße

40 g Frühlings-
zwiebeln, fein
gehackt

optional: 10 ml
rote Chilisoße

10 ml Speiseöl

50 g Quinoa,
ungekocht

Soße

30 ml Tamari
oder Sojasoße

10 ml Sesamöl

15 ml Reisessig

5 Knoblauchzehen,
gehackt

½ EL Ingwer,
frisch gerieben

10 g Maisstärke

½ Tasse Wasser

Süßstoff

ZUBEREITUNG

1. Quinoa nach Packungsanleitung kochen und warm stellen.
   Den Tofublock halbieren, die Hälften nacheinander sehr
   vorsichtig in zwei saubere Papiertücher drücken, um über-
   schüssige Flüssigkeit zu entfernen.

2. Den ausgepressten Tofu in Würfel schneiden. Alle Zutaten
   für die Soße in einer kleinen Schüssel verquirlen und beiseitestellen. Das Gemüse in die gewünschte Größe schneiden.

3. Tofuwürfel bei mittlerer Hitze in einer beschichteten Pfanne
   mit 1 TL Speiseöl anbraten. Unter häufigem Wenden weiter-
   braten, bis das gesamte Wasser verdunstet und der Tofu
   rundum leicht goldbraun ist. Sollte er an der Pfanne kleben,
   etwas mehr Öl hinzufügen.

4. Sobald der Tofu fertig ist, 1 EL Tamari (oder Sojasoße) hinzufügen und noch einmal schwenken. Den Tofu aus der Pfanne
   nehmen und in einer Schüssel beiseitestellen.

5. Die beschichtete Pfanne mit einer nassen Papierserviette
   auswischen, solange sie noch heiß ist. Öl in die Pfanne geben
   erhitzen. Das Gemüse hinzugeben und bei mittlerer Hitze
   braten, bis es durchgegart, aber immer noch bissfest ist. Den
   gebratenen Tofu hinzufügen.

6. Jetzt die Soße dazugeben und köcheln lassen, bis sie anfängt
   einzudicken. Bei Bedarf mit zusätzlichem Süßstoff und/oder
   Tamari abschmecken.

7. Rote Chilipaste und Frühlingszwiebeln untermischen und mit
   dem gekochten Quinoa servieren.

Nährwerte 503 kcal | F 18,6 g | KH 49,2 g | P 29 g

VEGANE HIGH-PROTEIN-BOWL

ZUTATEN FÜR 1 PORTION

90 g vegane Filetstücke nach Hähnchen-Art*

50 g Quinoa, ungekocht

75 g Kirschtomaten

40 g Kidneybohnen (Dose)

20 g Mais (Dose)

kleiner Romana-Salat

½ rote Zwiebel

1 TL Kokosöl

½ TL Gemüsebrühepulver

Dressing

50 g Sojajoghurt

¼ Knoblauchzehe

½ Zitrone, Saft

½ Handvoll Petersilie

ZUBEREITUNG

1. Quinoa nach Packungsanleitung kochen und etwas Gemüsebrühe hinzufügen. Inzwischen die veganen Filetstücke im Kokosöl anbraten.

2. In der Zwischenzeit den Romana-Salat, die Kirschtomaten und die Zwiebeln in kleine Stücke schneiden.

3. Für das Dressing alle Zutaten verrühren, bis es schön sämig ist.

4. Den Quinoa mit Salat, Kirschtomaten, Mais, Kidneybohnen, Zwiebeln und Dressing in einer Schüssel vermengen und mit den gebratenen veganen Filetstücken anrichten.

* meist aus Soja, Weizen oder Erbsen

TIPP
Quinoa sollte vor dem Kochen immer in einem feinmaschigen Sieb gründlich abgespült werden, da er noch Spuren des Bitterstoffs Saponin enthalten kann, welcher einen bitteren und seifigen Geschmack verursacht.

Nährwerte 469 kcal | F 19,5 g | KH 34,3 g | P 31,1 g

SCHNELLE BOHNEN-PFANNE MIT EI

ZUTATEN FÜR 1 PORTION

250 g Tomaten frisch oder aus der Dose

3 Frühlings-zwiebeln

1 TL Rapsöl

150 g Kidney-bohnen (Dose)

1 Prise Salz

1 Prise Pfeffer

1 Prise Chilipulver

3 Stiele Petersilie

2 mittelgroße Eier

ZUBEREITUNG

1. Tomaten in grobe Stücke und Frühlingszwiebeln in Ringe schneiden.

2. Öl in einer kleinen Pfanne erhitzen, die Frühlings-zwiebeln darin andünsten, Tomaten zugeben, ca. 5 Minuten unter Rühren schmoren lassen.

3. Bohnen dazugeben und alles mit Salz, Pfeffer und Chili abschmecken. Weitere 5 Minuten köcheln lassen, dann die Petersilie hacken und zugeben.

4. Mit einem Löffel 2 kleine Mulden in die Tomaten-Bohnen-Masse drücken, die Eier über der Pfanne aufschlagen und jedes in eine der Mulden geben.

5. Bei schwacher Hitze 6 – 8 Minuten stocken lassen. Mit etwas Petersilie garniert servieren.

TIPP
Als Beilage dazu passt Fladenbrot oder das leckere vegane Protein-Nannbrot von Seite 185.

Nährwerte ohne Toppings 469 kcal | F 16,5 g | KH 37,3 g | P 35 g

VEGANES CHILI

ZUTATEN FÜR 1 PORTION

276 g Veganes Hack*

2 Knoblauchzehen

1 mittelgroße Zwiebel

300 ml Gemüsebrühe aus dem Glas oder selbst gemacht

75 g Paprika

1 kleine Karotte

1 kleine Zucchini

200 g gehackte Tomaten

3 EL Tomatenmark

60 g Mais (Dose)

175 g Kidney-bohnen (Dose)

1 ½ EL Sojasauce*

1 EL Paprikapulver

½ TL Kreuzkümmel

1 TL Chilipulver

Salz

Topping (optional)

Vegane saure Sahne

Avocado

Koriander

ZUBEREITUNG

1. Zwiebel und Knoblauch schälen und hacken. Einen großen beschichteten Topf erhitzen, Knoblauch und Zwiebel bei mittlerer Hitze darin anbraten, bis sie leicht weich sind. Das vegane Hack hinzugeben. Für diesen Schritt entweder Wasser, Gemüsebrühe oder Olivenöl verwenden.

2. Paprika, Karotte und Zucchini fein hacken und zusammen mit ½ Tasse Gemüsebrühe in den Topf geben. 5 Minuten dünsten, gelegentlich umrühren.

3. Nun die restliche Gemüsebrühe, gehackte Tomaten, Tomatenmark, Mais, Kidneybohnen, Paprikapulver, Kreuzkümmel, Chilipulver und Sojasauce hinzufügen.

4. Alle Zutaten gut miteinander vermengen und das Chili ohne Deckel weitere 15 Minuten köcheln, bis es eingedickt ist.

5. Je nach Geschmack mit Chili und Salz abschmecken und sofort pur oder mit Reis, Ofenkartoffeln oder Protein-Naanbrot genießen.

* Achtung: hier gibt es je nach Hersteller große Kalorienunterschiede

Nährwerte pro Portion 384 kcal | F 11,1 g | KH 16 g | P 53,2 g

EASY RINDERGULASCH

ZUTATEN FÜR 3 PORTION

700 g Rinder-
gulasch

200 g Zwiebeln

400 g Paprika, rot

35 g Tomatenmark

100 g passierte
Tomaten

200 ml Wasser

1 EL Gemüse- oder
Rinderbrühepulver

2 Zehen Knoblauch

2 EL Paprikapulver,
rosenscharf

½ TL Zimt

Salz, Pfeffer

5 – 10 ml
Pflanzenöl

ZUBEREITUNG

1. Die Zwiebeln in grobe Stücke schneiden und in etwas Öl anschwitzen, bis sie gebräunt und gar sind. Das Rindergulasch in mundgerechte Stücke schneiden, dazugeben und mit anbraten, bis es braune Stellen hat. Gründlich rühren.

2. Anschließend das Tomatenmark einrühren, Paprika-pulver sowie den Zimt dazugeben.

3. Die Paprika in grobe Stücke schneiden, Knoblauch fein hacken, beides mit in den Topf geben und an-braten. Regelmäßig umrühren.

4. 1 EL Brühe in das Wasser einrühren, Gulasch mit den passierten Tomaten und dem Brühe-Wasser-Mix ablöschen.

5. Den Deckel auf den Topf setzen und die Hitze reduzieren. Auf niedriger Stufe sollte das Gulasch nun mindestens eine Stunde schmoren. Je länger das Fleisch Zeit hat, desto zarter wird es.

6. Mit Salz und Pfeffer abschmecken, fertig.

TIPP
Dazu passen Reis, Kartoffeln und Gemüse wie Rotkohl oder grüne Bohnen.
Dieses Gericht ist perfekt fürs Meal-Prepping geeignet.

Nährwerte 445 kcal | F 12 g | KH 43 g | P 38 g

PROTEIN-LINSENSUPPE

ZUTATEN FÜR 1 PORTION

200 g Hähnchenbrustfilet, gewürfelt (ca. 2 cm groß)

75 g Möhre, fein gewürfelt

1 Zwiebel, gehackt

½ Knoblauchzehe, gehackt

10 ml Olivenöl

50 g rote Linsen

1 Orange

250 ml Gemüsebrühe

1 ½ Stiele Petersilie

1 TL Garam Marsala (Gewürzmischung)

Salz/Pfeffer

ZUBEREITUNG

1. Öl in einem Topf erhitzen. Zwiebeln und Knoblauch im heißen Öl 3 Minuten bei mittlerer Hitze glasig dünsten. Möhren- und Hähnchenbrustwürfel dazugeben und kurz anbraten.

2. Linsen zugeben und unter Rühren kurz mit andünsten. Aus der Orange ca. 100 ml Saft auspressen.

3. Brühe und Orangensaft in den Topf gießen, zum Kochen bringen und bei mittlerer Hitze etwa 15 Minuten kochen

4. Die restliche Orange so schälen, dass die Schale und die gesamte weiße Haut entfernt wird.

5. Fruchtfleisch mit einem Messer aus den Trennhäuten schneiden.

6. 5 Minuten vor Ende der Garzeit die Orangenfilets in die Suppe geben. Petersilie waschen, trocken schütteln und die Blätter hacken. Die Suppe mit Garam Marsala, Salz und Pfeffer würzen und mit Petersilie bestreut servieren.

TIPP
Dazu passen das Protein-Naanbrot (siehe Seite 179), Kartoffeln oder auch Reis.

Nährwerte 406 kcal | F 13,9 g | KH 11,6 g | P 56,7 g

BIG MAC-SALAT

ZUTATEN FÜR 1 PORTION

200 g Tatar

½ TL Senf

1 EL Tomatenmark

eine Handvoll Eisbergsalat oder mehr

50 g geriebenen Mozzarella light

2 - 4 Gewürzgurken

1/2 rote Zwiebel

Salz, Pfeffer

5 – 10 g Sesamsamen

Big-Mac-Sauce

1 EL Mayonnaise Light

2 EL Ketchup Light

2 EL Essiggurkenwasser

1 EL Senf

1 Spritzer frischer Zitronensaft

1 Prise Paprikapulver

ZUBEREITUNG

1. Das Hackfleisch in einer Pfanne anbraten. Mit Salz, Pfeffer und Knoblauchpulver würzen und den Senf, das Tomatenmark und 2 – 3 EL Wasser damit vermischen.

2. Eisbergsalat waschen, abtropfen lassen, in lange Streifen schneiden und in eine Schüssel geben. Zwiebel und Essiggurken klein würfeln und zum Salat geben.

3. Für die Soße Mayonnaise, Ketchup, Gurkenwasser, Senf und Zitrone in einer kleinen Schale vermengen und mit Paprikapulver würzen.

4. Hackfleisch und Käse (gerieben oder in Streifen geschnitten) in die Schüssel geben, Soße darüber verteilen und mit Sesam garnieren.

TIPP

Selbstgemachte Kartoffelecken passen hervorragend zum Salat. Eisbergsalat ist super kalorienarm und kann daher als Sattmacher in großen Mengen verzehrt werden.

Nährwerte 444 kcal | F 11,6 g | KH 28,8 g | P 53,1 g

DÖNER-SALAT

ZUTATEN
FÜR 1 PORTION

150 g Hähnchen-
brustfilet Aufschnitt

200 g Eisbergsalat

1 mittelgroße Tomate

½ grüne Gurke

50 g Mais (Dose)

50 g Rotkraut

50 g Feta light

frische Petersilie

Dönergewürz

Salatsoße

100 g Naturjoghurt,
1,5 % Fett

Salz,Pfeffer

Knoblauch (Pulver
oder frisch)

frische Petersilie

Zitronensaft

ZUBEREITUNG

1. Hähnchenbrustfilet-Aufschnitt in einer Pfanne mit
   dem Dönergewürz anbraten.

2. Tomate und grüne Gurke würfeln, Eisbergsalat klein
   und Rotkraut in dünne Streifen schneiden. Das
   Gemüse zusammen mit dem Hähnchenbrust-Auf-
   schnitt anrichten.

3. Für die Soße alle Zutaten vermischen und über den
   Salat geben.

4. Am Ende noch mit gewürfeltem Feta und frischer,
   gehackter Petersilie toppen, fertig.

TIPP
Für eine Veggie-Variante des Salates können Tofu oder Sojageschnetzeltes anstelle
des Hähnchen-Aufschnittes verwendet werden.

Nährwerte 551 kcal | F 10,7 g | KH 86,9 g | P 25,2 g

GNOCCHI-SALAT

ZUTATEN FÜR 1 PORTION

250 g kleine Gnocchi (achte auf Kalorienunterschiede)

75 g Mozzarella light oder Proteinella

25 g rotes Pesto (Achtung Kalorienfalle!)

75 g Joghurt, 1,5 % Fett

150 g Cherrytomaten

italienische Gewürzmischung

Salz/Pfeffer

5 ml Olivenöl

ZUBEREITUNG

1. Die Gnocchi in Olivenöl goldbraun anbraten und in eine Schüssel geben.

2. Die Cherrytomaten und den Mozzarella klein würfeln und ebenfalls mit in die Schüssel geben.

3. Das Pesto mit dem Joghurt verrühren, über den Salat geben und nach Gusto mit Gewürzen abschmecken, fertig.

TIPP
Rucola-Salat passt hervorragend zu diesem Gericht und bringt noch mehr Volumen in die Mahlzeit.

Nährwerte 496 kcal | F 20,3 g | KH 31,1 g | P 50,9 g

KARTOFFELSALAT MIT THUNFISCH UND EI

ZUTATEN FÜR 1 PORTION

75 g grüne Bohne (TK, aufgetaut)

1 Dose Thunfisch im eigenen Saft á 150 g

8 Cherrytomaten

150 g Kartoffeln (wichtig: fest-kochend)

1 Ei (M)

1 EL Olivenöl

1 EL Balsamico

1 TL Petersilie

Salz, Pfeffer

ZUBEREITUNG

1. Kartoffeln und Ei kochen.

2. Bohnen kurz in Salzwasser blanchieren.

3. Inzwischen Thunfisch abtropfen lassen, Tomaten halbieren, Kartoffeln in Scheiben schneiden, das Ei vierteln. Alles zusammen mit den Bohnen auf einen Teller geben.

4. Olivenöl, Balsamico und Gewürze zu einem Dressing vermengen und darübergeben.

5. Petersilie hacken und darüberstreuen.

TIPP
Als Alternative zum Thunfisch, ist Hähnchenbrust (Aufschnitt) oder eine vegane Thunfisch-Varianten aus dem Supermarkt bestens geeignet.

Nährwerte mit Proteinella 399 kcal | F 12,9 g | KH 41,8 g | P 25,7 g

WASSERMELONENSALAT

ZUTATEN FÜR 1 PORTION

400 g Wassermelone

50 g Beeren (frisch)

Minze

Basilikum

Dressing

10 ml Olivenöl

5 ml Ahornsirup

etwas Orangensaft

oder Limettensaft

Salz, Pfeffer

1 TL Senf (optional)

Topping (optional)

100 g Proteinella

oder 50 g Feta light

15 g Pistazien

ZUBEREITUNG

1. Wassermelone würfeln/klein schneiden und in einer Schüssel mit den Beeren vermengen.

2. Das Basilikum und die Minze klein hacken und unter den Salat heben.

3. Alle Zutaten für das Dressing in einer kleinen Schale verrühren und frisch über den Salat geben.

4. Nach Belieben Proteinella, Feta und/oder Pistazien hinzugeben.

TIPP

Sollten Wassermelonen gerade keine Saison haben, schmecken Fruchtsalate mit Apfel, Orangen , Pfirsichen, Nektarien oder Pomelo auch sehr gut zum Schafskäse.

Nährwerte 540 kcal | F 15,8 g | KH 75,2 g | P 12,4 g

REISNUDELSALAT MIT ERDNUSS-DRESSING

ZUTATEN FÜR 1 PORTION

100 g Rotkohl
100 g Cherrytomaten
150 g rote Paprika
200 g Salatgurke
100 g Karotte
50 g dünne Reisnudeln
1 Packung Konjaknudeln
1 Frühlingszwiebel

Topping
Erdnüsse
Limette
Koriander
Mango/Feigen
Sprossen

Zutaten Dressing
15 g Erdnussmus und/
oder 2 EL Erdnusspulver
30 ml Sojasoße
Saft einer Limette
5 ml Sesamöl
5–10 g Erythrit

ZUBEREITUNG

1. Gemüse für den Salat und Obst für das Topping in mundgerechte Stücke schneiden.

2. Die Reisnudeln nach Packungsanweisung kochen, im Anschluss kalt abspülen und beiseitestellen.

3. Die Konjaknudeln ebenfalls kalt abspülen und mit den übrigen Nudeln vermischen.

4. Alle Zutaten für das Dressing miteinander vermengen. Bei Bedarf etwas warmes Wasser hinzufügen, um das Dressing cremig zu rühren. Nach Gusto abschmecken und nachwürzen.

5. Die Nudeln zusammen mit dem Gemüse und dem Obst in eine Schüssel geben. Mit Limettenstückchen, Koriander und Erdnüssen toppen.

6. Das Dressing frisch über den Salat geben und genießen.

TIPP
Für einen höheren Proteingehalt passen gebratene Hähnchen- oder Rinderstreifen perfekt zum Salat. Auch eine vegane Hähnchenvariante schmeckt sehr gut im Salat.

Nährwerte 314 kcal | F 11 g | KH 47 g | P 6 g

ASIATISCHER REISSALAT

ZUTATEN FÜR 1 PORTION

50 g Duftreis, z.B. Jasminreis, ungekocht

1 Tomate

30 g Zuckerschoten

¾ Frühlingszwiebel

5 g Ingwer

¼ Handvoll Koriandergrün

¼ Handvoll Thai-Basilikum

5 ml Reisessig

10 ml Limettensaft

10 ml Sesamöl

Salz

Erythrit

ZUBEREITUNG

1. Reis nach Packungsanweisung zubereiten und unter gelegentlichem Wenden auskühlen lassen.

2. Inzwischen Tomaten waschen, Stielansatz entfernen und das Fruchtfleisch klein würfeln.

3. Zuckerschoten waschen, putzen, 1 – 2 Minuten in kochendem Salzwasser blanchieren, eiskalt abschrecken und gut abtropfen lassen. Anschließend in lange Stücke schneiden.

4. Frühlingszwiebeln waschen, putzen und in feine Röllchen schneiden. Ingwer schälen und fein reiben. Koriander und Basilikum waschen, trocken schütteln und Blättchen von den Stielen zupfen.

5. Den kalten Reis mit Frühlingszwiebeln, Ingwer und Kräutern mischen.

6. Essig, Limettensaft, Erythrit und Salz zu einer Marinade verrühren, zuletzt das Öl unterquirlen und den Salat damit marinieren.

TIPP
Der Salat bekommt eine Extraportion Protein, wenn er mit Hühnchen oder Tofu serviert wird. Für mehr Fett passen Erdnüsse hervorragend als Topping zum Salat.

Nährwerte pro Stück 240 kcal | F 6,2 g | KH 27,5 g | P 6,8 g

BANANENBROT

ZUTATEN
FÜR 12 STÜCK

300 g Dinkelmehl

100 g Reismehl

1 Pck. Backpulver

50 g gemahlene
Mandeln

350 g reife Bananen

50 g gehackte
Walnüsse

100 g gehackte
Datteln

½ Glas Apfel-
Bananen-Mark
(180–200 g)

3 EL Erythrit

2 Eier

Zimt nach Belieben

½ TL Salz

Topping

Banane

50 g gemischte
gehackte Nüsse
oder Walnüsse

ZUBEREITUNG

1. Ofen auf 180 °C Ober-/Unterhitze vorheizen.

2. Alle Brotzutaten in einen Food-Processor geben und durchmixen. Sollte dieser nicht vorhanden sein, die festen Zutaten im Mixer oder mit dem Pürierstab zerkleinern und im Anschluss alle Zutaten zu einem Teig vermengen.

3. Den Teig in eine mit Backpapier ausgekleidete Backform geben.

4. Eine Banane halbieren und die beiden Hälften (oder nur eine) in die Teigmitte drücken. Nüsse nach Wahl als Topping auf den Teig geben.

5. Im vorgeheizten Backofen für 45 Minuten backen, auskühlen lassen und aus der Form nehmen.

6. Brot aufschneiden und genießen – es schmeckt besonders lecker mit Tasty Jam.

TIPP
Brot nach 30 Minuten Backzeit mit Backpapier abdecken, damit die Nüsse nicht verbrennen und der Teig schön saftig bleibt.

Nährwerte pro Portion 243 kcal | F 4,2 g | KH 21,4 g | P 29 g

CHEESECAKE MIT CRUMBLE

ZUTATEN FÜR 2 PORTIONEN

1 Ei

350 g Joghurt, 0,1 % Fett

275 g Magerquark

75 ml Milch/ Pflanzenmilch/ Wasser

20 g Speisestärke

Tasty Lemon Cheesecake

Crumble-Topping

15 g Nussmus

15 g Schmelzflocken

15 g Erythrit

10 g Frischkäse, 0,2 % Fett

ZUBEREITUNG

1. Den Backofen auf 180 °C Ober-/Unterhitze vorheizen.

2. Alle Zutaten für den Cheesecake in einer Schüssel zusammenrühren und die Masse anschließend in eine große oder zwei kleine backofenfeste Formen gießen.

3. Die Zutaten für das Topping vermengen – sollte der Crumble zu trocken sein, einfach noch etwas Nussmus dazugeben. Den Crumble gleichmäßig auf die Cheesecake-Masse verteilen.

4. Für 15 – 20 Minuten in den vorgeheizten Backofen geben. Cheesecake danach gut auskühlen lassen und im Kühlschrank aufbewahren.

TIPP
Es kann auch eine beliebige andere Tastysorte verwenden. Dieses Rezept dient als Grundidee und kann nach Geschmacksvorlieben verändert werden.

Nährwerte 304 kcal | F 10,2 g | KH 32 g | P 19,5 g

ERDBEER-TIRAMISU

ZUTATEN FÜR 1 PORTION

125 g Magerquark

70 g Kokosjoghurt

½ Scoop Tasty (Vanille oder Erdbeer Weiße Schokolade)

20 ml Mineralwasser

2 Scheiben Zwieback

85 g Erdbeeren, alternativ TK-Erdbeeren, aufgetaut

10 g Zartbitterschokolade

ZUBEREITUNG

1. Magerquark, Kokosjoghurt, Mineralwasser und ½ Scoop Tasty miteinander verrühren. Abschmecken, ob die Süße ausreicht – wenn nicht, noch ein wenig Tasty hinzugeben.

2. Erdbeeren waschen, Strünke entfernen und die Hälfte der Früchte pürieren. Die restlichen Erdbeeren (am besten frische) halbieren oder in dickere Scheiben schneiden und beiseite stellen.

3. Die Zartbitterschokolade reiben oder klein hacken. Den Zwieback fein zerbröseln.

4. In ein kleines Glas die Zwiebackbrösel als „Boden" einfüllen und leicht andrücken. Danach die Hälfte der Quarkcreme darüber verteilen, gefolgt von der Hälfte des Erdbeerpürrees und ein paar Scheiben frische Erdbeeren. Darauf folgt noch eine Schicht Quarkcreme, Erdbeerpürree und die restlichen Erdbeerscheiben.

5. Tiramisu für 3 – 4 Stunden kalt stellen und vor dem Servieren mit der gehackten Schokolade garnieren.

> **TIPP**
> Zwieback in einen Gefrierbeutel legen, verschließen und den Zwieback mit einem Nudelholz zerkleinern – so gibt es keine Sauerei in der Küche.

Nährwerte 142 kcal | F 0,7 g | KH 23,5 g | P 2 g

FEURIGE GRAPEFRUIT

ZUTATEN
FÜR 1 PORTION

1 Grapefruit

10 g gehackter Ingwer

10 g Erythrit

1 Zweig Minze

ZUBEREITUNG

1. Grapefruit halbieren und am Rand und in den Kammern mit einem scharfen Messer vorsichtig einschneiden.

2. Den Ingwer klein schneiden und hacken, zusammen mit Erythrit in einer Pfanne erhitzen und karamellisieren lassen.

3. Den karamellisierten Ingwer auf der Grapefruit verteilen.

4. Mit etwas Minze verfeinern, fertig.

TIPP
Ingwer karamellisieren, so gelingt es: Ingwer in sehr kleine Würfel oder Scheiben schneiden, zusammen mit dem Erythrit oder Xylit in eine beschichtete Pfanne geben und bei hoher Temperatur schmelzen lassen. Sobald die Masse in der Pfanne blasen schlägt, Pfanne vom Herd nehmen und die Masse auf der Grapefruit verteilen.

Nährwerte 239 kcal | F 1,9 g | KH 9,6 g | P 42,9 g

SJARDS LIEBLINGSEIS

ZUTATEN FÜR 1 PORTION

50 g ISO Whey
(z.B. Vanille)

100 – 150 ml
Hafermilch,
ungesüßt

1 Scoop Tasty
nach Wahl

1 TL Xanthan

200 – 250 g
Eiswürfel

Topping (optional)

frische Beeren
oder TK (angetaut)

Nussmus

Kokosraspeln

ZUBEREITUNG

1. Alle Eis-Zutaten in einen leistungsstarken Mixer geben und gut durchmixen.

2. In eine Schale geben und nach Belieben mit Topping garnieren.

TIPP
Wer es gern etwas fruchtiger und cremiger mag, kann die Eiswürfel auch durch gefrorene Beeren/Früchte ersetzen.

Nährwerte 242 kcal | F 5,5 g | KH 30,6 g | P 12,7 g

LOW-CARB-HIMBEER-KÄSEKUCHEN IM GLAS

ZUTATEN FÜR 1 PORTION

30 g Butterkekse (zuckerreduziert)

200 g Magerquark/ Skyr ohne Zucker

100 g Frischkäse, 0,2 % Fett

50 ml Cuisine light (Schlagsahne), 7% Fett oder Soja Cuisine, light

evtl. Sahnesteif

½ TL Vanillemark

160 g Himbeeren, frisch

½ Scoop Tasty Lemon Cheesecake

ZUBEREITUNG

1. Die Kekse grob zerbröseln und in ein Glas füllen.

2. Den Magerquark/Skyr mit dem Frischkäse, dem Vanillemark und dem Tasty glatt rühren.

3. Die Sahne steif schlagen (ggf. Sahnesteif verwenden) und vorsichtig unter die Quarkmasse heben.

4. Die Hälfte der Creme in das Glas geben.

5. 1/3 der Himbeeren pürieren und auf der Masse im Glas verteilen.

6. Mit dem übrigen Quark bedecken und den restlichen Himbeeren garnieren.

TIPP

Dieses Dessert im Glas kann natürlich auch mit aromatischen Heidelbeeren zubereitet werden. Für eine vegane Variante einfach Kekse, Magerquark und Frischkäse durch vegane Produkte ersetzen.

Nährwerte pro Stück 151 kcal | F 4 g | KH 10,2 g | P 16,4 g

OREO-CAKE

ZUTATEN FÜR 8 STÜCKE

40 g Dinkelmehl

40 g Mandelmehl (weiß, entölt)

10 g ISO Whey Schokolade

1 Scoop Tasty Cookies & Cream

30 g Erythrit

10 g Backkakao

5 g Backpulver

40 g leichte Butter

50 ml Mandelmilch

Füllung

500 g Magerquark

200 g Frischkäse, 0,2 % Fett

1 Scoop Tasty Vanille

8 Blatt Gelatine

50 g Oreos + optional weitere als Deko

ZUBEREITUNG

1. Butter in einem Topf oder der Mikrowelle erhitzen, bis sie flüssig ist. Alle trockenen Zutaten für den Boden vermengen, die flüssige Butter und die Mandelmilch dazugeben und verkneten.

2. Anschließend auf den Boden einer 18er-Springform drücken. Für 15 – 20 Minuten bei 175 °C Umluft backen und abkühlen lassen.

3. Für die Füllung Magerquark, Frischkäse und Tasty vermengen.

4. Blattgelatine in kaltem Wasser einweichen, leicht ausdrücken und in einem Topf mit ein wenig Wasser langsam erwärmen, bis die Gelatine flüssig ist. Nun nach und nach in die Quarkmasse einrühren.

5. Zum Schluss einen Teil der Oreo-Kekse zerbröseln und unterrühren, die Masse auf den ausgekühlten Boden geben, glatt streichen und optional als Deko weitere Oreos in die Quarkmasse drücken.
   Achtung: Die Oreos für die Deko bitte mittracken!

6. Mindestens 1 – 4 Stunden kalt stellen, damit die Masse komplett aushärtet.

Nährwerte ohne Topping 450 kcal | F 20,9 g | KH 23,9 g | P 41,8 g
Nährwerte Vanillesoße 51 kcal | F 1,4 g | KH 8,7 g | P 0,5 g

PROTEIN-KAISERSCHMARRN

ZUTATEN FÜR 1 PORTION

2 Eier (M)

35 g Vollkornmehl

1 Scoop Tasty Vanille

100 ml Milch/ Pflanzenmilch

30 g ISO Whey Vanille

10 g Butter oder Kokosfett

Vanillesoße

125 ml Milch/ Pflanzenmilch

10 g Speisestärke

½ Scoop Tasty Vanille

½ Vanilleschote

ZUBEREITUNG

1. Eiklar vom Eigelb trennen. Eigelb mit dem Tasty vermischen und in die Milch einrühren. Mehl und Proteinpulver hinzugeben und gut zusammenmixen. Eiweiß zu Eischnee schlagen, vorsichtig unterheben.

2. In einer beschichteten Pfanne Butter/Kokosfett erhitzen und die Teigmasse hineingießen.

3. Bei mittlerer Hitze braten, bis die Unterseite goldbraun ist. Anschließend wenden und in unregelmäßige Stücke zerreißen.

4. Für die Vanillesoße das ausgekratzte Mark der ½ Vanilleschote und die Vanilleschote selbst mit Milch und Tasty in einem Topf aufkochen lassen.

5. Die Speisestärke mit etwas kalter Milch anrühren. Wenn die Vanille-Milch-Mischung kocht, die Schote herausnehmen und die angerührte Speisestärke unter ständigem Rühren in die Milch gießen und nochmals aufkochen lassen.

6. Den fertigen Kaiserschmarrn mit der Vanillesoße auf einem Teller anrichten und warm genießen.

TIPP
Als leckeres Kaiserschmarrn-Topping ist ebenfalls unsere Tasty Jam, Apfelmus, Mohn oder Proteinpudding (siehe S. 179 bzw. 185) geeignet.

Nährwerte ohne Topping 447 kcal | F 4 g | KH 51 g | P 49 g

SJARDS FRENCH TOAST

ZUTATEN
FÜR 1 PORTION

3 Dinkeltoast

130 g Eiklar
(Menge von 4 Eiern)

30 g ISO Whey
Salted Caramel

50 ml Wasser

½ Tasty
Cinnamon Cereal

Toppings (optional)

Proteinpudding

frische Beeren

Banane

Tasty Jam

ZUBEREITUNG

1. Eigelb vom Eiweiß trennen. Eiklar zusammen mit dem Tasty und dem Proteinpulver in einer Schüssel mit einer Gabel oder einem Schneebesen gründlich vermischen.

2. Die Toastscheiben kurz von beiden Seiten in der Eimasse einweichen lassen.

3. Die Toastscheiben in einer gut beschichteten Pfanne von beiden Seiten knusprig braun anbraten. Falls du etwas Öl benötigst, tracke es bitte mit.

4. Den French Toast mit Topping nach Wahl auf einem Teller anrichten.

TIPP
Als Topping eignet sich auch eine leckere Quarkcreme aus einem Tasty nach Wahl und Magerquark. Alternativ Erythrit oder Xylit mit Zimt mischen und über den Toast streuen.

Nährwerte 402 kcal | F 13,5 g | KH 27,4 g | P 42,3 g

SNICKERS-BOWL

ZUTATEN FÜR 1 PORTION

100 g High-Protein-Pudding Schoko

100 g High-Protein-Pudding Karamell

150 g Magerquark

10 g Erdnüsse, geröstet & gesalzen

10 g Butterkekse

10 g Zartbitterschokolade
(ich verwende 80 % Zartbitterschokolade)

1 Prise Salz

½ Scoop Tasty Butterkeks

ZUBEREITUNG

1. Die Zartbitterschokolade in ein Wasserbad geben und schmelzen lassen oder bei sehr geringer Temperatur in der Mikrowelle erwärmen.

2. Den Schoko-Protein-Pudding in die Schüsseln füllen. Den Magerquark mit etwas Wasser und Tasty anrühren, bis er schön cremig ist. Anschließend den Magerquark auf den Schokopudding geben. Als dritte und letzte Schicht den Karamell-Protein-Pudding auf dem Magerquark verteilen.

3. Für das Topping die Butterkekse in kleine Stückchen zerbröseln und auf dem Karamellpudding verteilen. Anschließend die Erdnüsse auf die Butterkekse streuen. Die geschmolzene Schokolade mit einem kleinen Löffel darüber verteilen und jeweils eine Prise Salz über die Schokolade geben.

4. Für mindestens 1 – 2 Stunden in den Kühlschrank stellen, damit die Schokolade knackig fest wird – fertig.

TIPP
Der Proteinpudding kann mit unserem ISO Whey Schoko bzw. Salted Caramel selbst gemacht werden. Passendes Rezept siehe Seite 181.

Nährwerte pro Portion 152 kcal | F 1,6 g | KH 14,2 g | P 20 g

FITNESS-TIRAMISU

ZUTATEN FÜR 4 PORTIONEN

6 Löffelbiskuits

200 g Magerquark

75 g Frischkäse, 0,2 % Fett

150 g Protein-pudding Vanille

1 – 2 Espressi

1 Scoop Tasty Vanille (optional)

Coffee-Cream

1½ EL Instantkaffee

55 g Erythrit

30 g ISO Whey Vanille oder Iced Latte

90 ml Mandelmilch ungesüßt

ZUBEREITUNG

1. Magerquark, Frischkäse, Proteinpudding und das Tasty gründlich verrühren.

2. Löffelbiskuits in einer Schüssel zerbröseln, Espresso kochen und über die Biskuits träufeln.

3. Alle Zutaten für die Coffee-Cream in einem Mixer bei möglichst hoher Drehzahl schaumig schlagen, Creme beiseite stellen.

4. Nun ein Glas im Wechsel mit Biskuits und Quark-creme füllen, dabei mit Biskuits beginnen.

5. Als Letztes die Coffee-Cream ins Glas geben und mit Kakao garniert sofort servieren. Soll das Tira-misu erst später serviert werden, den Kakao erst beim Anrichten auf die Creme geben.

TIPP
Die Coffee Cream kann auch auf einen Vanille Protein Shake gegeben werden – ein perfekter Frappé und Koffeinkick vor dem Training.

Nährwerte ohne Füllung/Topping 561 kcal | F 11,8 g | KH 53,9 g | P 55,6 g

PROTEIN-TOPFENKNÖDEL

ZUTATEN FÜR 8 STÜCK

70 g Hafermehl (gemahlene Hafer- oder Schmelzflocken)

30 g ISO Whey nach Wahl

120 g Magerquark

1 Ei

optional: 5 g Flohsamenschalen

Für den Mantel

z.B. gemahlene Nüsse, Kokosflocken, Zimt oder Soja-Crispies

Füllung (optional)

Schokolade, Him-beeren, Nussmus, Pflaumenmus

Topping (optional)

Proteinpudding

Vanillesoße

Mohn

ZUBEREITUNG

1. Quark, Hafermehl, Ei und ISO Whey vermengen. Je nach Konsistenz noch etwas Flüssigkeit oder Mehl hinzugeben – es sollte eine etwas klebrige Quarkmasse sein, die sich gut formen lässt.

2. Aus der Quarkmasse Knödel (Durchmesser ca. 5 cm) formen und optional die Füllung hineingeben (evtl. eine Lebensmittelspritze verwenden).

3. Einen Topf mit Wasser füllen (mind. halb voll), zum Kochen bringen und anschließend die Temperatur zum Sieden herunterdrehen. **Das Wasser darf nicht mehr kochen, wenn die Topfenknödel hineinge-geben werden!**

4. Knödel mithilfe eines Löffels vorsichtig ins Wasser geben und warten, bis sie nach oben schwimmen. Das dauert je nach Topfenknödelgröße ca. 5 – 10 Minuten oder etwas länger (je größer die Knödel, desto länger die Garzeit).

5. Währenddessen die Zutaten für den Mantel bereit-stellen. Knödel mit einem Löffel vorsichtig aus dem Wasser holen und in der Mantelmasse wälzen.

6. Mit Toppings nach Wahl auf einem Teller anrichten und noch warm genießen.

Nährwerte ohne Topping 249 kcal | F 4,6 g | KH 25,5 g | P 22,4 g

CARROTCAKE OATS

ZUTATEN FÜR 1 PORTION

30 g Haferflocken

200 ml Milch, fettarm/Mandel-milch, ungesüßt oder Wasser

1 mittelgroße Möhre

20 g ISO Whey Vanille

Zimt

Salz

Topping (optional)

gehackte Nüsse nach Wahl

ZUBEREITUNG

1. Zunächst die Möhre schälen und fein raspeln.

2. Dann die Haferflocken zusammen mit den ge-raspelten Möhren in Milch/Mandelmilch aufkochen. Wer Kalorien sparen möchte, ersetzt die Milch ein-fach durch Wasser.

3. Etwas Zimt und Salz zu den Haferflocken geben und für 5 – 7 Minuten bei mittlerer Hitze aufkochen.

4. Zum Schluss die Carrotcake Oats von der Herd-platte nehmen und das ISO Whey unterrühren.

> **TIPP**
> Um Klümpchen zu vermeiden, das ISO Whey einfach in einem Shaker mit ein wenig Wasser auflösen, bevor es in die Carrotcake Oats eingerührt wird.

Nährwerte pro Stück 87 kcal | F 6,1 g | KH 5,7 g | P 2 g

PEANUTBUTTER JELLY TIME

ZUTATEN FÜR 6 STÜCK

12 Mini-Reiswaffeln

20 g Erdnussmus (oder anderes Nussmus)

20 g Tasty Jam nach Wahl

50 g Zartbitter-schokolade (mind. 70 %)

ZUBEREITUNG

1. Schokolade im Wasserbad schmelzen lassen oder bei sehr geringer Temperatur in der Mikrowelle erwärmen.

2. Die Hälfte der Mini-Reiswaffeln nacheinander mit Erdnussmus und Tasty Jam bestreichen.

3. Die übrigen Reiswaffeln als Deckel aufsetzen und in der flüssigen Schokolade tränken.

4. Die Schokolade abtropfen lassen und die Reiswaffeln auf einem Teller im Kühlschrank aushärten lassen.

TIPP
Die Mini-Reiswaffeln sind ein perfekter Snack für die Sporttasche und sind auch ein geeigneter Snack für ein Leistungstief.

REISWAFFEL-VARIATIONEN

ZUTATEN FÜR JE 1 REISWAFFEL

1 Reiswaffel

mit Proteinpudding
20 g Proteinpudding
20 g Beeren

mit Gurke
25 g Gurke
10 g Frischkäse, 0,2 % Fett

mit Marmelade
15 g Tasty Jam
15 g Beeren

mit Banane & Zimt
15 g Banane
10 g Frischkäse, 0,2 % Fett
Erythrit und Zimt

mit Erdnussmus
10 g Erdnussmus
15 g Banane
2 g Erdnüsse
5 g Zartbitter-schokolade (85 %)

ZUBEREITUNG

Reiswaffel mit

Proteinpudding bestreichen und Beeren darauf verteilen.
Nährwerte 51 kcal | F 1 g | KH 8 g | P 3 g

Frischkäse bestreichen, Gurke in Scheiben schneiden und darauf legen.
Nährwerte 38 kcal | F 0 g | KH 7 g | P 2 g

Tasty Jam bestreichen und Beeren darauf verteilen.
Nährwerte 42 kcal | F 0 g | KH 7 g | P 1 g

Frischkäse bestreichen, Banane in Scheiben darauf legen und mit Erythrit und Zimt bestreuen.
Nährwerte 47 kcal | F 0 g | KH 9 g | P 2 g

Erdnussmuss bestreichen, Banane in Scheiben darauf legen und mit Erdnüssen und geraspelter Schokolade toppen.
Nährwerte 145 kcal | F 9 g | KH 11 g | P 4 g

Nährwerte 286 kcal | F 8,2 g | KH 42,6 g | P 18,2 g

VEGANER POWER-SHAKE

ZUTATEN FÜR 1 PORTION

1 mittelgroße Banane (ca. 150 g)

20 g Vegan Protein, z. B. Butterkeks-Vanille

150 ml Reismilch

10 g Erdnussmus

ZUBEREITUNG

1. Banane schälen.

2. Alle Zutaten in einem leistungsstarken Mixer etwa 1 Minute mixen, bis der Shake eine einheitliche, cremige Konsistenz hat.

TIPP
Viele schaffen es nicht, im Training ausreichend zu trinken. Um dem entgegen zu wirken, kann der Shake auch mit etwas mehr Flüssigkeit (Wasser oder Pflanzenmilch) verdünnt werden. Mit einem „Wasserbauch" sollte man allerdings nicht ins Training starten.

Nährwerte 252 kcal | F 3,1 g | KH 28,3 g | P 26,6 g

WHEY-SHAKE MIT REISMILCH
DIE VERMUTLICH SCHNELLSTE OPTION VON ALLEN

ZUTATEN FÜR 1 PORTION

30 g ISO Whey deiner Wahl

300 ml Reismilch

ZUBEREITUNG

1. Beide Zutaten in den Mixer oder einen Shaker geben und vermixen.

TIPP

Reismilch ist nicht nur mild und natürlich süß im Geschmack, sondern dazu auch noch die bekömmlichste aller Milchalternativen. Der Getreidedrink eignet sich besonders für Allergiker und Menschen mit Laktoseintoleranz oder einer Allergie gegen Milcheiweiß.

Nährwerte 320 kcal | F 19,7 g | KH 11,9 g | P 25,3 g

GRIECHISCHER PROTEIN-JOGHURT

ZUTATEN FÜR 1 PORTION

100 g griechischer Joghurt

20 g ISO Whey Vanille

50 g Beeren

15 g Walnüsse

ZUBEREITUNG

1. Griechischen Joghurt und das ISO Whey in einer Schüssel verrühren.

2. Blaubeeren und Walnüsse hinzugeben, fertig.

TIPP
Es können nach Belieben auch andere Früchte und Nüsse verwendet werden.

Nährwerte pro Stück 92 kcal | F 4,7 g | KH 8,2 g | P 3,3 g

5-MINUTEN-PROTEIN-KOKOS-ENERGY-BALLS

ZUTATEN FÜR 20 STÜCK

200 g Datteln (am besten soft)

90 g Mandeln

40 g Haferflocken

40 g Kokosflocken

40 g ISO Whey Vanille

2 EL flüssiges Kokosöl

1 Prise Salz

ZUBEREITUNG

1. Haferflocken und Mandeln in einer Küchenmaschine (z.B. Food-Processor) zerkleinern.

2. Die restlichen Zutaten dazugeben und alles zu einer teigigen Masse zerkleinern.

3. Mit einem kleinen Löffel portionsweise vom Teig abnehmen und kleine Kugeln formen.

4. Kugeln in Kokosraspeln wälzen und zum Festwerden für 1 Stunde in den Kühlschrank stellen. Dort halten sie sich auch am besten, sie können aber auch eingefroren werden.

TIPP
Eiweißbällchen können in einem luftdicht verschlossenen Behälter bis zu 2 Wochen im Kühlschrank aufbewahrt werden.

Nährwerte 532 kcal | F 9 g | KH 74 g | P 23 g

SMOOTHIE-BOWL

ZUTATEN
FÜR 1 PORTION

30 g Haferflocken, zart

100 g TK-Beeren-Mix

100 ml Kokoswasser

50 ml Orangensaft

½ Banane, geschält

20 g ISO Whey Vanille oder Vegan Protein Butterkeks Vanille

Topping

50 g TK-Beeren

½ Banane

15 g Granola/Müsli nach Wahl

10 g Cashew oder andere Nüsse

ZUBEREITUNG

1. Alle Zutaten für die Bowl in einen leistungsstarken Mixer geben und glatt pürieren.

2. Für das Topping ½ Banane in Scheiben schneiden

3. Die pürierte Smoothiemasse in eine Schüssel geben und mit den Toppings garnieren.

TIPP
Als Topping eignen sich auch andere Obstsorten wie z.B. Kiwi, Feige oder Melone.

Nährwerte pro Stück 64 kcal | F 3 g | KH 8 g | P 3 g

SNICKERS-ENERGY-BALLS

ZUTATEN FÜR 12 STÜCK

80 g gebackene Erdnüsse (aus der Dose)

160 g Soft-Datteln

40 g ISO Whey Schokolade

2 EL Erdnussmus

1 EL Kakaopulver

zusätzliches Kakaopulver zum Wälzen

Schokolade zum Garnieren (optional)

ZUBEREITUNG

1. Alle Zutaten im Mixer (z.B. Food-Processor) zu einer teigigen Masse zerkleinern. Die Erdnüsse sollten noch leicht stückig sein.

2. Aus der Masse kleine Kugeln formen und diese in Kakaopulver wälzen oder mit flüssiger Schokolade in Streifen überziehen.

3. Die Energy Balls entweder im Kühlschrank lagern oder einfrieren.

TIPP
Wer keine Erdnüsse mag, kann das Erdnussmus und die gehackten Erdnüsse auch durch andere Nüsse und anderes Nussmus ersetzen.

Nährwerte pro Stück 189 kcal | F 11,4 g | KH 16,4 g | P 4,3 g

FITNESS-NIPPON

ZUTATEN FÜR 12 STÜCK

100 ml Ahornsirup (alternativ Agaven- oder Reissirup)

60 g Erdnussbutter

60 g Mandelmus (oder anderes Nussmus)

1 TL Vanilleextrakt

100 g Dinkelpuffs

150 g Zartbitter- schokolade (oder andere)

15 ml flüssiges Kokosöl

grobes Meersalz

ZUBEREITUNG

1. Eine Auflaufform von 15 – 20 cm Größe mit Backpapier auslegen.

2. Zunächst den Ahornsirup, den Vanilleextrakt, das Nussmus, flüssiges Kokosöl und etwas Salz miteinander verrühren.

3. Anschließend die Dinkelpuffs unterheben, bis alles gut miteinander vermengt ist.

4. Nun die Masse in die Auflaufform geben und gut andrücken.

5. Die dunkle Schokolade im Wasserbad schmelzen lassen oder bei sehr geringer Temperatur in der Mikrowelle erwärmen, über die Dinkelpuffmasse geben und nach Belieben mit Meersalz bestreuen.

6. Für mindestens 60 Minuten im Kühlschrank kalt stellen und im Anschluss in 12 Riegel schneiden.

TIPP
Es können auch unterschiedliche Sorten von Nussmus verwendet werden. Ebenso unterschiedliche Schokoladensorten als Topping auf den Dinkelpuffs.

Nährwerte pro Stück 13 kcal | F 0,7 g | KH 1,1 g | P 0,3 g

FROYO-BITES

ZUTATEN
12 STÜCK

85 g griechischer
Joghurt

1 TL Honig oder
Tasty Vanille

120 g Beeren

ZUBEREITUNG

1. Griechischen Joghurt mit Honig und der Hälfte der Beeren verrühren.

2. Die Joghurtmasse nun in einen Eiswürfelbehälter füllen und glatt streichen. Anschließend mit den restlichen Beeren bestreuen und für rund 4 – 5 Stunden tiefkühlen.

3. Eiswürfelbehälter mit der Rückseite kurz unter warmem Wasser abbrausen, um die fertigen FroYo-Bites leichter aus der Form zu bekommen und sofort genießen.

TIPP
Für mehr Protein zusätzlich 20 g ISO Whey verwenden. Das Whey einfach mit 30 ml Wasser vermischen und unter den Joghurt rühren.

Nährwerte pro Stück 81 kcal | F 4,2 g | KH 6,2 g | P 3,9 g

GIOTTO-ENERGY-BALLS

ZUTATEN
FÜR 20 STÜCK

100 g Erdnussmus
oder Mandel-/
Cashewmus

60 g fein gemahlene
Haferflocken

60 g getrocknete
Datteln

50 g gemahlene
Mandeln

40 g ISO Whey
Salted Caramel

50 ml Milch

50 ml Ahornsirup

Topping

gehackte Haselnüsse

ZUBEREITUNG

1. Nussmus, Hafermehl, Proteinpulver, Ahornsirup und Milch in einen Food-Processor geben und zu einer homogenen Masse verkneten bzw. in einem Mixer mixen (alternativ Knethaken verwenden). Falls die Masse noch zu trocken und bröselig ist, schluckweise mehr Milch unterrühren.

2. Kleine Portionen abnehmen und mit den Händen zu Kugeln formen.

3. In den gehackten Haselnüssen wälzen.

4. Für eine Stunde in den Kühlschrank stellen und genießen.

TIPP
Die Energy Balls können problemlos eingefroren werden. Im Gefrierfach halten sie sich ca. 30 Tage.

Nährwerte ohne Topping 214 kcal | F 9,3 g | KH 11,5 g | P 18,8 g

GESUNDER KEKSTEIG

ZUTATEN FÜR 1 PORTION

15 g Nussmus

15 g Schmelzflocken

15 g Erythrit

10 g Frischkäse, 0,2 % Fett

15 g ISO Whey Vanille oder Vegan Protein Butterkeks Vanille

Optional

Schokodrops

Nüsse

zuckerfreie Streusel

Zimt

ZUBEREITUNG

1. Alle Zutaten miteinander vermengen. Sollte die Masse zu fest sein, vorsichtig etwas Wasser zugeben.

2. In eine Schüssel füllen, Topping nach Belieben ergänzen und genießen.

TIPP
Schmeckt hervorragend auf Porridge (Rezept S. 31) oder kann im Ofen als Crumble mitgebacken werden.

Nährwerte pro Stück ohne Topping 111 kcal | F 8,5 g | KH 4,8 g | P 3,3 g

PEANUTBUTTER CUPS

ZUTATEN FÜR 12 STÜCK

200 g Zartbitterschokolade (mind. 70 %)

50 g Erdnussmus

15 g ISO Whey Vanille

1 Msp. gemahlene Vanille

Salz

evtl. Wasser

Topping (optional)

Erdnüsse

Pistazien

außerdem

12 kleine Muffin- oder Pralinenformen aus Papier / Silikon

ZUBEREITUNG

1. Die Schokolade im Wasserbad schmelzen lassen oder bei sehr geringer Temperatur in der Mikrowelle erwärmen.

2. In jede Form einen Esslöffel geschmolzene Schokolade geben, glatt streichen und für 15 Minuten ins Gefrierfach legen.

3. In der Zwischenzeit Erdnussmus, ISO Whey, gemahlene Vanille und Salz glatt rühren. Eventuell mit etwas warmem Wasser vermengen. Es sollte eine formbare Masse entstehen. 12 kleine Kugeln formen.

4. Die Schokolade aus dem Gefrierfach nehmen und jeweils eine Erdnusskugel flach auf die feste Schokolade setzen. Die restliche geschmolzene Schokolade darauf verteilen und die Peanutbutter Cups nach Belieben mit Erdnüssen und Pistazien garnieren.

5. Vor dem Verzehr für eine Stunde in den Kühlschrank stellen, fertig.

TIPP
Je kleiner die Schokolade gehackt wird, desto leichter lässt sie sich schmelzen. Beim Schmelzen darauf achten, dass das Wasserbad nicht zu heiß wird bzw. die Mikrowelle nicht zu hoch eingestellt ist – durch zu große Hitze wird die Schokolade klumpig.

Nährwerte pro Stück 210 kcal | F 17,1 g | KH 19,9 g | P 5,1 g

PEANUTBUTTER BARS

ZUTATEN FÜR 20 STÜCK

115 g gesalzene Butter (geschmolzen)

120 g Butterkekse (weniger süß)

240 g Puderzucker aus Erythrit

280 g cremiges Erdnussmus

180 g Zartbitterschokolade (mind. 70 %)

ZUBEREITUNG

1. Eine quadratische Backform mit Backpapier auslegen und beiseitestellen.

2. Die geschmolzene Butter, die Butterkekse und den Puderzucker in eine Schüssel geben und verrühren. Anschließend 250 g des Erdnussmuses dazugeben und ebenfalls gut vermengen.

3. Die Masse gleichmäßig in die vorbereitete Backform drücken.

4. Die restlichen 2 Esslöffel Erdnussmus mit den Schokoladenstückchen in der Mikrowelle oder auf dem Herd schmelzen und glatt rühren. Diese auf der Erdnussbutterschicht verteilen.

5. Für mindestens 2 Stunden im Kühlschrank kalt stellen. Vor dem Schneiden 10 Minuten bei Raumtemperatur ruhen lassen. Gekühlt servieren.

TIPP

Statt Erdnussmus und Erdnüssen können auch andere Nüsse und anderes Nussmuss verwendet werden.

Nährwerte 247 kcal | F 5,8 g | KH 30,6 g | P 17,3 g

PROTEIN-NAANBROT

ZUTATEN FÜR 1 PORTION

40 g Dinkelmehl

40 g Magerquark

10 g Backprotein

3 g Backpulver

10 – 20 ml Milch oder Wasser

Salz

5 ml Öl zum Braten

ZUBEREITUNG

1. Dinkelmehl und das Backprotein mit Backpulver vermengen. Magerquark und eine Prise Salz dazugeben und alles gut durchkneten. Sollte die Masse zu trocken sein, einfach einen Schuss Milch oder Wasser dazugeben.

2. Den Teig mit etwas Mehl bestäuben und mit der Hand zu einem kleinen, flachen Laibchen formen.

3. Olivenöl in einer Pfanne erhitzen und das Naanbrot von beiden Seiten goldbraun backen, fertig.

TIPP
Für einen leckeren Dipp zum Naanbrot einfach 200 g körnigen Frischkäse light, 2 EL Schnittlauch, 1 EL Petersilie und 1 Spritzer Zitrone in einem Mixer mixen, bis eine cremige Masse entsteht und mit Salz und Pfeffer abschmecken.

Nährwerte mit Wasser 142 kcal | F 0,1 g | KH 17,8 g | P 16,8 g

PROTEIN-PUDDING

ZUTATEN FÜR 1 PORTION

20 g Pudding-pulver Vanille

20 g ISO Whey Vanille

200 ml Wasser oder Milch

Tasty Vanille

ZUBEREITUNG

1. Pudding- und ISO Whey in einem Topf vermengen.

2. Wasser oder Milch hinzugeben und klumpenfrei mit einem Schneebesen verrühren.

3. Nun den Pudding unter ständigem Rühren bei mittlerer Temperatur erhitzen.

4. Warten, bis der Pudding die gewünschte Konsistenz erreicht hat. Vom Herd nehmen und für 2 – 3 Minuten auskühlen lassen, dabei immer wieder kräftig umrühren.

5. Je nach Geschmack ggf. noch ein wenig mit Tasty versüßen, fertig.

TIPP
Der Pudding kann auch mit anderen ISO Whey- und Tasty-Sorten zubereitet werden.

Nährwerte 373 kcal | F 15,6 g | KH 42,9 g | P 8,6 g

FRUCHT-HÄPPCHEN

ZUTATEN FÜR 1 PORTION

1 Banane

20 g Erdnussmus

70 g Himbeeren

15 g Zartbitter-schokolade

ZUBEREITUNG

1. Die Banane schälen, in ca. 1,5 cm dicke Scheiben schneiden und auf einen Teller legen.

2. Die Schokolade im Wasserbad schmelzen lassen oder bei sehr geringer Temperatur in der Mikrowelle er-wärmen.

3. Nun das Erdnussmus gleichmäßig auf die Bananen-stückchen verteilen, die Schokolade darüber geben und eine Himbeere darauf setzen.

4. Für ca. 30 Minuten in den Kühlschrank stellen, bis die Schokolade fest ist.

TIPP

Bananen enthalten viel Fruchtzucker, weshalb sie vor allem bei Sportlern als schnelle Energielieferanten beliebt sind. Die Fruchthäppchen können aber natürlich auch mit anderem Obst hergestellt werden.

Nährwerte 166 kcal | F 4,1 g | KH 17,8 g | P 13,2 g

VEGANES PROTEIN-NAANBROT

ZUTATEN FÜR 1 PORTION

ZUBEREITUNG

25 g Vollkornmehl

10 g Veganes Proteinpulver, neutral

2 g Backpulver

25 g Skyr-Joghurt, vegan

½ TL Kokosöl

1. Alle trockenen Zutaten vermengen.

2. Dann den veganen Skyr-Joghurt hinzugeben. Das Ganze kneten, bis ein glatter Teig entsteht.

3. Den Teig ca. 2 cm dick ausrollen.

4. Kokosöl in die heiße Pfanne geben und das Naan von beiden Seiten anbraten, bis es eine goldgelbe Farbe annimmt, fertig!

TIPP
Das vegane Naanbrot ist die perfekte Beilage zum Süßkartoffelcurry auf Seite 97.

Nährwerte 128 kcal | F 3,4 g | KH 8,8 g | P 14,4 g

VEGANER PROTEIN-PUDDING

ZUTATEN FÜR 1 PORTION

20 g Vegan Protein, z.B. Butterkeks Vanille

200 ml Mandelmilch, ungesüßt

7 g Speisestärke

ggf. Tasty nach Wahl

ZUBEREITUNG

1. Zuerst die kalte Mandelmilch, das Vegan Protein und die Speisestärke in einen kalten Topf geben und verrühren, bis keine Klümpchen mehr vorhanden sind.

2. Die Mischung unter Rühren langsam zum Kochen bringen bis sie eine puddinghafte Konsistenz erreicht hat.

3. Den Topf vom Herd nehmen und den Pudding zunächst für 2 – 3 Minuten abkühlen lassen, dabei immer wieder kräftig umrühren.

4. Je nach Geschmack noch mit ein wenig Tasty versüßen, fertig

TIPP
So gibt es garantiert keine Klümpchen: Das Vegan Protein und die Mandelmilch zuerst in einem Shaker gut durchshaken und anschließend in einem Topf mit der Stärke verrühren.

Nährwerte pro Stück 195 kcal | F 11,1 g | KH 12,5 g | P 9,8 g

VEGANE PROTEINRIEGEL

ZUTATEN FÜR 10 STÜCK

100 g Haferflocken

100 g Vegan Protein Haselnuss Schoko

150 ml vegane Milch nach Wahl

50 g Kokosöl (geschmolzen)

100 g vegane Schokoladenstückchen

50 g Cornflakes/ Schokocornflakes

ZUBEREITUNG

1. Haferflocken mithilfe eines Mixers zu einer mehlartigen Masse zerkleinern. Anschließend das vegane Proteinpulver und die vegane Milch hinzugeben und vermischen.

2. Mehr vegane Milch oder veganes Proteinpulver hinzufügen, falls der Teig zu flüssig oder zu fest ist.

3. Mit dem flüssigen Kokosöl vermengen und alles zu einem klumpenfreien Teig verarbeiten.

4. Ein Backblech (oder eine kleine Auflaufform) mit Backpapier auslegen und den Teig darauf ca. 3 cm dick ausrollen bzw. in die Auflaufform drücken.

5. Die Cornflakes in den Händen zerbröseln und auf die Masse streuen. Die Schokolade in einem Wasserbad oder der Mikrowelle schmelzen und über die Masse geben.

6. Das Backblech/die Auflaufform in den Kühlschrank stellen und für ca. 1 Stunde kalt stellen.

7. Die gekühlte Proteinmasse in 10 Riegel schneiden.

TIPP

Anstatt der Cornflakes kann auch gepuffter Amaranth oder Dinkel verwendet werden. Luftdicht verschlossen im Kühlschrank bleiben die Riegel eine Woche lang haltbar.

Nährwerte 435 kcal | F 17 g | KH 42 g | P 27 g

RAFFAELLO-BOWL

ZUTATEN FÜR 1 PORTION

2 Knusperwaffeln, z.B. Filinchen

100 g Pudding (z.B. High Protein Karamellpudding)

150 g Magerquark

75 ml Milch, fettarm

15 ml Cremefine zum Aufschlagen (7 % Fett)

20 g Cremepulver (Paradiescreme „Südseetraum")

10 g Kokosraspeln

15 g Schokolade, weiß

½ Scoop Tasty Kokos Weiße Schokolade

ZUBEREITUNG

1. Die Schokolade im Wasserbad schmelzen lassen oder bei sehr geringer Temperatur in der Mikrowelle erwärmen. Cremefine, Milch und Paradiescreme in einer Schüssel mit einem Rührgerät aufschlagen (ca. 3 Minuten).

2. Magerquark, 10 g Kokosraspeln und Tasty dazugeben und nochmal gut rühren. Nach Bedarf noch etwas mehr Milch dazugeben, sollte die Quarkmasse zu fest sein.

3. Die Knusperwaffel in eine Schüssel legen und 50 g Karamellpudding oben drauf geben.

4. Nun die Quarkmasse auf den Pudding geben und die zweite Knusperwaffel auf die Quarkmasse legen.

5. Die geschmolzene Schokolade auf den Knusperwaffeln verteilen und mit den restlichen Kokosraspeln dekorieren.

TIPP
Die Bowl für 10 Minuten ins Gefrierfach stellen, um sie direkt im Anschluss zu genießen – so sind die Knusperwaffeln noch schön kross.